関西学院大学

産業研究所 75年の歩み

関西学院大学産業研究所75年史編集委員会［編］

関西学院大学出版会

事務室前景

パソコン検索

新宿・住友ホールでの東京講演会、地方交付税発足50周年を記念しての講演会（2004年10月14日）

関西学院大学東京丸の内キャンパスで、講師は増田寛也元総務大臣・岩手県知事（2009年1月22日）

新聞各紙

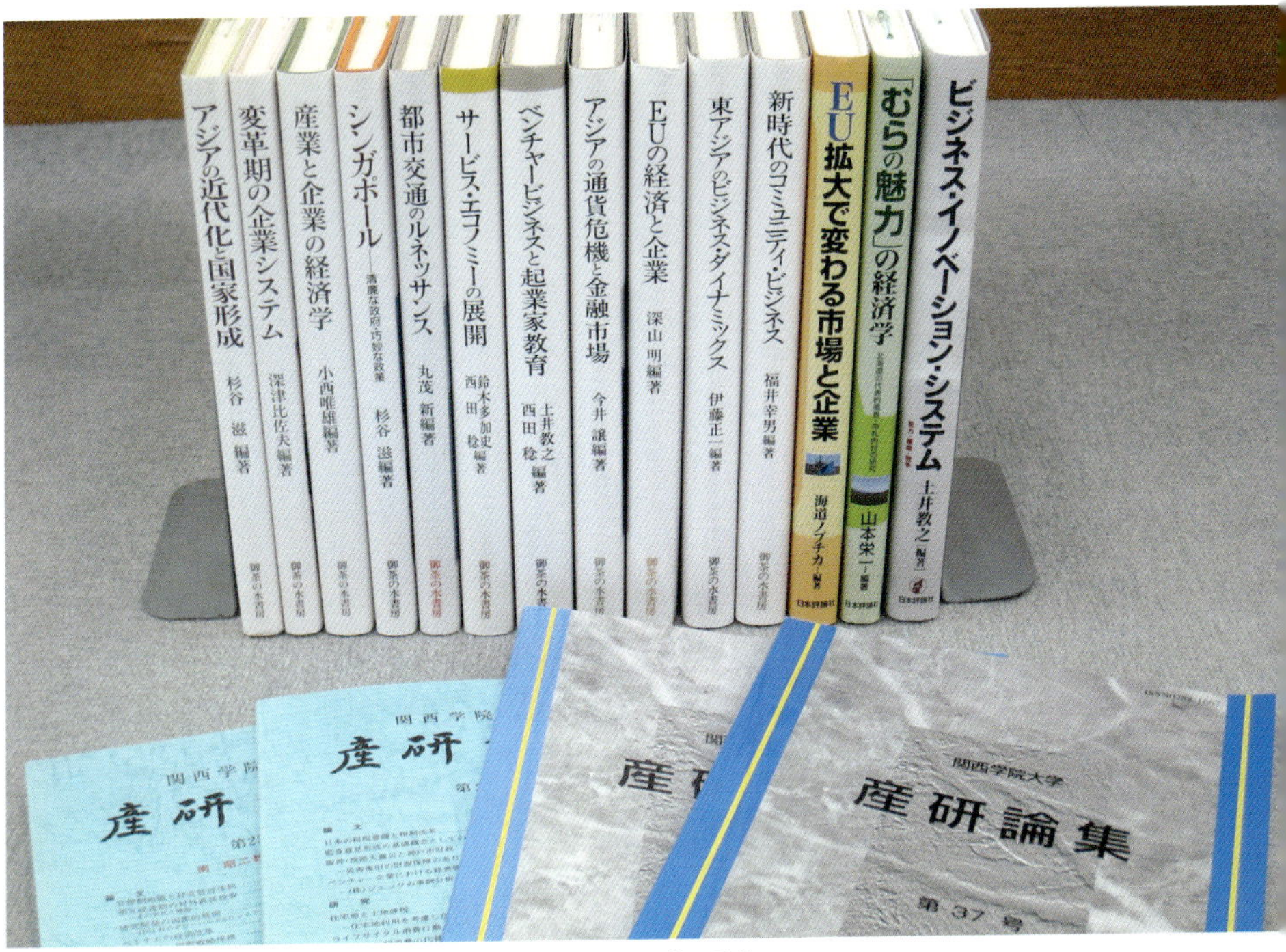

産研叢書、産研論集

産業研究所評議員、産研教員、事務職員（2008 年 3 月）

清水京子
宮家典子
河野恵美子
土井教之
小菅正伸
ブングシェ・ホルガー
海道ノブチカ
小西砂千夫
伊藤正一
野村宗訓
福井幸男
石田文子
渋谷武弘

発刊にあたって

関西学院大学産業研究所の創設は、一九三四年（昭和九年）四月である。大学昇格とともに商経学部に付置する研究所として発足したので、以来七五年の歴史を歩んでいる。発足当初から「産業研究所」の名称を使っており、大学でも最も古い組織の一つといえよう。もっとも研究所としての萌芽はそれ以前に遡ることができる。詳しくは『関西学院大学産業研究所六十年の回顧と展望』（八千代出版、平成七年刊）を参照いただきたい。

同書に述べたように、本学は大学昇格後に日中戦争、太平洋戦争という未曾有の苦難を経験した。産業研究所も時局の荒波に揺さぶられて、一時的に改称すら余儀なくされ、研究者、研究活動が戦時体制に組み込まれた時代がある。戦後は新制大学発足とともに、大学の組織の一つとなり、名称も復帰し今日に至っている。しかしその道のりはけっして平坦ではなかった。私立大学における社会科学系の研究所が、大学においてアイデンティティを確立させることはけっして容易ではない。

本書は『六十年の回顧と展望』に続く今日までの期間を中心に取り上げている。顧みれば、一九九五年は一月に阪神淡路大震災があったことの記憶が大きいが、この年の一〇月に新大学図書館（正式名称は大学図書館・産業研究所）への施設の移転があった。いわば新産業研究所の元年といえよう。その後の産業研究所事業の躍進と変貌は実に目を見張るものがある。第一に、新施設で研究設備が充実したことのみならず、図書資料の開架利用や業務のシステム化が進んだ。第二に、学外での講演会・セミナー活動を活発化させ、開催場所は東京、大阪、北海道、沖縄など日本全国へと広がった。第三に、ＥＵＩＪ関西事業や日中経済シンポジウムの開始によって、事業の国際化が進んだことである。一方でＥＵＩＪ関西を構成する神戸大学、大阪大学との学術交流も忘れてはならない。第四に、地方分権や北海道の地域研究、ベンチャー・企業家教育、コミュニティービジネス、企業と産業のイノベーションなどの研究テーマに合わせて、活動の地域連携化が進んだことが挙げられる。第五に、大学の組織改革の荒波を受けて、産業研究所規程を改正することになり、結果として産業研究所に専任教員の配置がなくなり、図書資料業務が大学図書館へ移管することになった。等々、一五年間にあまりにも多くのことを経験した。多彩で、しかも一つひとつには、大きな意義がある。

本書の構成は、第Ⅰ部に研究、第Ⅱ部に専門図書館、第Ⅲ部に運営、第Ⅳ部に資料と大きく四つに分けた。分量からすれば、第Ⅰ部の研究に紙面を大きく費やしているが、これは産業研究所の目的からして、研究活動と成果を十分吟味することは妥当なところである。所長を務められた森泰博商学部元教授（故人）は、年史の編集ではできるだけ事に当たった当事者の実感がストレートに反映される方が、後世に読むものに強い印象を与えるので重要であると述べておられた。本書ではそのような考え方に基づいて、できごとをヴィヴィッドに叙述するために、当事者の証言を中心に据える手法をとった。座談会やインタビューが多いのはそのためである。多くの登場者の語り口から、産業研究所の動きを生き生きと感じ取ってほしい。結果として、あまり日が当たるとはいえない、研究所の研究活動やさまざまな取り組みが、相応に評価される機会となってほしいと願うものである。

本書の編集にあたって、二〇〇〇年代に入ってから所長を経験した海道ノブチカ商学部教授と伊藤正一国際学部教授（前経済学部教授）の二人が編集代表となり、小西砂千夫人間福祉学部教授（前産業研究所教授）が実質的な編集リーダーを行い、事務室の渋谷武弘事務長と石田文子氏が編集作業を補佐した。
構想が出版物となって日の目を見るまで2年半以上の月日を要する長丁場であった。ご多忙の中を、快く座談会や取材、原稿を引き受けていただいた方々にあらためてお礼を申し上げる。福井幸男商学部教授（当時産業研究所長）にはインタビュー聞き手のご協力もいただいた。登場人物が多かっただけに編集作業に思わぬ時間を要した。テープ起しなど地味な作業に辛抱強くあたってくれた事務室の木下裕加子氏（二〇一〇年三月退職）をはじめ、産業研究所事務室の皆様の労に感謝する次第である。

二〇一一年三月　編集委員会を代表して

商学部教授、元所長　海道　ノブチカ
国際学部教授、元所長　伊藤　正一

目次

第 I 部

研　究

第Ｉ部では、産業研究所の研究活動の柱である共同研究と、その成果をまとめた産研叢書を中心に、最近の研究活動を振り返る。かつては地域研究が中心であったが、次第にベンチャー、イノベーションなどの産業育成や、EU や中国などの各国経済に研究の視点が移ってきている。

1 共同研究と産研叢書

(1) 共同研究・叢書のテーマ

産業研究所は、教員の主体的な研究活動をもとに、徐々に実態が形成され、やがては大学の付置研究所となってきた経緯がある。そこに学内教員が集い、共同で研究活動を行うことが、研究所発祥の原型を継承する上でも重要である。

共同研究は、原則として、所長を含む評議員（現在の制度では運営委員）のなかからコンビーナ（＝編者）を選び、コンビーナを中心に専攻分野や学部バランスを見ながらメンバーを専任している。学外のメンバーに委嘱することはかつては消極的であったが、近年ではそうした雰囲気も変わってきている。研究期間は三年間であり、三年度内に出版することが原則であるが、実際には原稿が集まって編集に入るところまでタイムオーバーとなり、刊行自体は四年目にずれ込んでいる。

共同研究のテーマをどのように設定するかについては模索があり、地域研究や産業・企業研究、あるいは歴史研究などの柱建てを明確にしようという動きもあったが、そのときどきに実際に研究活動を担った教員の研究領域に応じて定めることが現実的であるという側面もあり、近年になるほど産研叢書のテーマは企業や外国を取り上げたものが多くなっている。

一九九五年度以降に二〇〇八年度までに公刊された産研叢書は、次のとおりである。

産研叢書19　一九九五年九月刊行、御茶の水書房
　森　泰博編　物流史の研究―近世・近代の物流の諸断面―
産研叢書20　一九九六年七月刊行、御茶の水書房
　杉谷　滋編　アジアの近代化と国家形成―経済発展とアジアのアイデンティティ―
産研叢書21　一九九七年七月刊行、御茶の水書房
　深津比佐夫編　変革期の企業システム
産研叢書22　一九九八年六月刊行、御茶の水書房
　小西　唯雄編　産業と企業の経済学
産研叢書23　一九九九年一二月刊行、御茶の水書房
　杉谷　滋編　シンガポール―清廉な政府・巧妙な政策
産研叢書24　二〇〇〇年九月刊行、御茶の水書房
　丸茂　新編　都市交通のルネッサンス
産研叢書25　二〇〇一年八月刊行、御茶の水書房
　鈴木多加史・西田　稔編　サービス・エコノミーの展開

産研叢書26　二〇〇二年七月刊行、御茶の水書房
　土井　教之・西田　稔編　ベンチャービジネスと起業家教育（中小企業研究奨励賞）
産研叢書27　二〇〇三年一〇月刊行、御茶の水書房
　今井　譲編　アジアの通貨危機と金融市場
産研叢書28　二〇〇四年七月刊行、御茶の水書房
　深山　明編　ＥＵの経済と企業
産研叢書29　二〇〇六年三月刊行、御茶の水書房
　伊藤　正一編　東アジアのビジネス・ダイナミックス
産研叢書30　二〇〇六年七月刊行、御茶の水書房
　福井　幸男編　新時代のコミュニティ・ビジネス（中小企業研究奨励賞）
産研叢書31　二〇〇八年三月刊行、日本評論社
　海道　ノブチカ編　ＥＵ拡大で変わる市場と企業
産研叢書32　二〇〇九年三月刊行、日本評論社
　山本　栄一編　「むらの魅力」の経済学：北海道の代表的風景・中札内村の研究

一四冊の産研叢書のなかで、歴史研究と地域研究はそれぞれ一冊であり、アジアやヨーロッパなどの外国研究が五冊であり、それ以外は、特定の産業に関するものやベンチャービジネスやコミュニティ・ビジネスなどからなっている。まさに産業研究所と呼ぶにふさわしい内容であるといえる。また、ヨーロッパ研究は、後のＥＵＩＪ関西につな

がった意味で画期的であった。

研究会の雰囲気は、集まるメンバーやコンビーナのキャラクターによって決まるところがあり、学部を越えてフラットに人間関係を持ち、相互の学問領域に触れる楽しい場でもあった。学際的な研究をめざすメンバーには歓迎するところも多かったのではないかと思われる。

叢書の巻数を数えることが、産業研究所のいわば年輪を刻むことであって、研究所としての存在意義を自ら証明するところがあった。

（小西砂千夫人間福祉学部教授）

(2) 叢書の書評

歴代の産研叢書は、原則として産研論集で書評を掲載してきた。産研叢書21以降の書評については、産業研究所ホームページのサイトからテキスト（全文）を閲覧することができる。

産研叢書19　物流史の研究―近世・近代の物流の諸断面―
宮本　又郎　産研論集第23号　一七五〜一八四頁　一九九六年三月

産研叢書20　アジアの近代化と国家形成―経済発展とアジアのアイデンティティ―
石井　昌司　産研論集第24号　一一七〜一二四頁　一九九七年三月

産研叢書21　変革期の企業システム
岸　秀隆　産研論集第25号　七三〜七七頁　一九九八年三月

産研叢書22　産業と企業の経済学
菊川　貞巳　産研論集第26号　八九〜九三頁　一九九九年三月
産研叢書23　シンガポール―清廉な政府・巧妙な政策
麻野　良二　産研論集第27号　五三〜六一頁　二〇〇〇年三月
産研叢書24　都市交通のルネッサンス
岡田　清　産研論集第28号　四七〜五一頁　二〇〇一年三月
産研叢書25　サービス・エコノミーの展開
箱田　昌平　産研論集第29号　五七〜六二頁　二〇〇二年三月
産研叢書26　ベンチャービジネスと起業家教育
髙橋　美樹　産研論集第30号　五七〜六一頁　二〇〇三年三月
産研叢書27　アジアの通貨危機と金融市場
高阪　章　産研論集第31号　七九〜八二頁　二〇〇四年三月
産研叢書28　ＥＵの経済と企業
小山　明宏　産研論集第32号　四七〜五〇頁　二〇〇五年一月
産研叢書29　東アジアのビジネス・ダイナミクス
江崎　光男　産研論集第34号　九九〜一〇二頁　二〇〇七年三月
産研叢書30　新時代のコミュニティ・ビジネス
橋本　介三　産研論集第34号　一〇三〜一〇七頁　二〇〇七年三月

産研叢書31　ＥＵ拡大で変わる市場と企業
久保　広正　産研論集第36号　一二七～一二九頁　二〇〇九年三月
産研叢書32「むらの魅力」の経済学：北海道の代表的風景・中札内村の研究
小田切徳美　産研論集第37号　一三九～一四二頁　二〇一〇年三月

2 産研叢書の編集

(1) 座談会「産研叢書の編集にあたって」

司　会：小西砂千夫（人間福祉学部教授）

出席者：山本栄一（名誉教授、元経済学部教授）、深山明（商学部教授）、海道ノブチカ（商学部教授）、福井幸男（商学部教授）、伊藤正一（国際学部教授、座談会時は経済学部教授）、渋谷武弘（産業研究所事務長）

日　時：二〇〇九年一月二四日（土）一〇時～一三時

場　所：産業研究所会議室

（小西）本日は、産業研究所の七十五年を振り返る年史における産研の共同研究についての座談会をいたします。まず、共同研究のこれまでの展開について私からお話しいたします。

産業研究所として研究費が確保されていることを、学内のインフラといいますか、共同の資産として活用するということからいいますと、共同研究というのが一番意味があるかたちだろうというのが、私が二一年前にお世話になったときに、言われていたことです。そういう意味では学際研究をやりましょう、というような雰囲気もあったと思いますし、経済学部と商学部の共有財産というのを認識するという意味でも、当時は経済学部と商学部のメンバーで共同研究をするということでした。昔は、時の所長が全部仕切るという感じがあったのですけれども、段々、所長と編者とは違う、となってきたところもあります。毎年一冊ずつ出そうということになってからは、所長と編者を同じにすることが物理的に無理になってしまったということもありますので、段々それはできなくなった。毎年本を出すというのは、これは橋本徹先生（当時経済学部教授、一九八六〜一九八八年度まで所長・故人）の時ぐらいからだったと思いますが、毎年本を出さないとやはり研究所の活動が活性化していないという風に見られたというようなこともあって、橋本先生のころから毎年出すような体制に切り替えて、ちょうどその頃、私は助手で採用されたということになりました。最初は商学部と経済学部でどちらかがメインで、商学部の先生が作る時には経済学部の先生がビジターで入って、経済学部の先生が書いた時には逆に商学部の先生が若干ビジターで入るということでしたが、そのあと段々他学部、という言い方も変なのですが、経商以外の先生に入っていただこうという流れが少しずつ出ています。柚木学先生（当時経済学部教授、一九九〇〜一九九二年度まで所長・故人）の『淡路島の地域おこし』の時に、当時はまだ若かった田和正孝先生（文学部教授）、鳥越皓之先生（早稲田大学教授、当時は社会学部教授）に入っていただいたりして、段々他学部に広がってきたという感じです。

小　西

そのころから地域研究と企業研究という柱が立っておりまして、二〇編くらいからアジア研究というのがまずスタートして、そのあとヨーロッパの研究にシフトして、そして今、ヨーロッパ研究がひとつの柱となってきました。ヨーロッパ研究はこの本が出た後、アジア研究にシフトして、アジア研究がひとつの海外研究のコアとなって、それがアジアからヨーロッパにシフトしていったというようなそんな感じですかね。そのような中で今のＥＵＩＪの活動があるという風になってきています。このように、共同研究がここの柱のひとつとなって、その柱の立て方とか仲間の集め方というのは、六十年史以降もかなり変わってきたというようなところがありますけれども、今に至るまでそれが柱になっているということです。

次に叢書のご紹介をお願いしたいと思います。

本日お集まりの先生方は産研叢書の編著者としてご参加いただいたわけですが、出版年順ということで、まずは深山先生からお願いします。

（深山） テーマを選んだ理由ですが、当時今井譲先生（商学部教授・二〇〇〇〜二〇〇一年度まで所長）が所長で私は評議員でした。今井先生との遣り取りは次の通りです。「地域に関する共同研究をしてもらいたい」、「どのような地域ですか」、「たとえば宝塚とか西宮です」、「できません」、「何であったらできますか」、「ヨーロッパならできます」。今井所長は少し考えられましたが、「それでいいでしょう」と答えられました。この一声でヨーロッパに関する共同研究が始まることになりました。かつてのＥＣがＥＵに衣替えしたのが一九九三年で、銀行取引などにユーロが導入されたのが一九九九年であり、二〇〇二年から紙幣や貨幣が実際に流通し始めました。二〇〇一年に共同研究はスタートしました。その当時、ＥＵに関する啓蒙書やマクロ・レベルでの研究は多くありましたが、ＥＵにおける企業の問題が取り上げられるということは非常に少なかったのです。今でもそれほど多くはありません。そこで、経済の問題と企業の問題を二つの柱とする共同研究を行なうことを決心し、今井先生に「時期もよいと思いますので、ＥＵに関する研究をやります」と申し上げ、認めていただきました。

そこで、協力していただける方を考えたのですが、ヨーロッパに関する研究のできる研究者が学内に多くおられるということにあらためて気づきました。かつて、吉田和夫先生（当時商学部教授）がコンビーナーとなって、「企業と規制」という研究をされましたが、その中にすでにヨーロッパ研究の芽があったと思います。多くの方の協力を得て、「ＥＵの経済と企業」という共同研究を行うことができましたが、よい成果を残すことができたと思います。また、学界でもそれなりの評価を得たと自認しています。

（小西）ＥＵＩＪにつながる決定的な判断が今井所長の下でなされたわけですね。

（深山）結果的には後の海道先生らの研究にもつながっていますので、一定の役割を果たしたと思っています。

（小西）これは本としても特色のある本だったと思います。経済と企業と両方ありますが、この内容、コンテンツはこういう系統の研究書の中でも非常に特色あると思ってもいいんですか？

（深山）そのように思います。

（小西）次は伊藤先生お願いします。

（伊藤）私の方は、先ほどアジアというような話があったと思いますが、私自身の研究の中心は中国で、もちろん東アジア全体のいろんな研究もしたことがありますし、それから経済学部の方ではアジア経済が担当になっている訳ですけれども、ちょうど二〇〇一年一二月に中国がＷＴＯに加盟して、それから台湾が二〇〇二年にＷＴＯに加盟して、ということで、二〇〇一年くらいから特に中国を中心に直接投資の動きが非常に活発になっていって、東アジア域内での貿易が非常に活発になる、直接投資も活発になる。まあそういった背景があって、じゃあ実態として実際に東アジア内でどういった企業の動きがあるのか、そういったところを調べるというのは非常に重要ではないかと思ったわけです。それからアジアの場合、中国がＷＴＯに加盟したということで、中国を中心に台湾、韓国、ＡＳＥＡＮ

主要国、そういったところの動きがかなり出てきました。企業、特に日本の企業などを考えた場合に、ネットワークというのもかなり一九八〇年代後半以降に出てきていますし、あるいは技術移転とか人材移動とかマーケットとか、調査対象としては非常に重要であるのではないかということで、「東アジアのビジネス・ダイナミックス」というテーマでやろうということになりました。

執筆者は、私を除きまして、まず趙炳澤先生、この方は韓国の漢陽大学の先生で、土井教之先生（経済学部教授・二〇〇二〜二〇〇三年度まで所長）と親しくしておられて、「産業組織」について、特に今回「東アジアのビジネス・ダイナミックス」の中では韓国から来ていただいて研究報告していただき、更に二つの章について書いていただきました。一つは「中国の移動電話の成長と課題」ということで、中国のマーケット、特に携帯とかそういったところに焦点を当ててかなりの量の章を書いていただき、こちらから少し短くしてくださいとお願いしなければならない程でした。さらに、「韓国の移動電話」の部分についてもかなり詳しくされて、当時公表されていないようなデータもあって、これは二章に渡ってかなりの量で最新の内容でした。ちょっと出版の方が遅れてましたので、趙先生にとってはもうちょっと早く出版になれば、もう少しインパクトもあったかと思いますけれども、非常に価値のある章を書いていただいたと思います。

伊　藤

それからもうお一人、朴昌明さん（駿河台大学准教授）については、商学部に以前おられたコリック先生から紹介していただきました。我々は、特に東アジアに焦点を当てているということで、韓国の中でのひとつの問題は、労使関係とか、特に企業の中での労使関係というのは非常に重要になるのですが、そういったところを朴さんにやっていただきました。タイトルというのは人的資源管理ということで、銀行業界に焦点を当てられたわけですが、特に人的資源管理の変化に対する労働側の理解の重要さを指摘すると同時に、労働側も企業側と協調する努力が必要で、労使関係の安定が韓国銀行業の競争力の向上と韓国経済のさらなる発展にとって重要、と指摘している点は重要である。

そして、土井先生が「産業組織とイノベーションから見た韓国産業の発展と日本企業」ということで、いわゆる理論的な面と日本と韓国という企業との関係、そういった、特に産業組織とイノベーションに焦点を当てて書いていただき、企業の戦略、政府の公共政策、国際的な政策調整に対する重要な示唆を与えていただいたという意味で、本書の東アジアのビジネスダイナミックスの方向を考慮に入れて企業は戦略する必要がある、と重要な提起をしていただき、非常にいいものを書いていただいたかなあと思います。

特に韓国企業は、例えばサムスンというのは、一九七〇年代に三洋電機さんが指導されたんですね。ところがこの本を書き始めた時にははるかに状況が変わっておりまして、今でもそうですけれども、サムスンがものすごく伸びました。電機におきましても、ヒュンダイも今現在かなり伸びてきております。そういった意味で日本と韓国がどうなっているか比較することは、非常に重要な意味があると思います。最近聞いた話ではサムスンが急激に伸びだしたのは一九九七年のアジアの通貨危機があって、それをきっかけに抜本的に変えたみたいですね。そこからものすごく大きく伸び始めたということを聞いております。日本と韓国に焦点を当てるというのは非常に重要なテーマになります。

それから、井口泰先生（経済学部教授）に「東アジアの人材移動と域内のR&D機能」というようなタイトルの章を書いていただいておりますが、井口先生は特に人の移動、外国人労働者の移動で日本でも権威の一人となっておられる方で、すぐに名前も出てきますし、海外でも活躍しておられます。特に井口先生の場合、単に不熟練の労働移動だけではなく、一九九〇年代から特にレベルの高い人材の移動にも焦点を当てられておりまして、そういったところの観点から東アジアの人材移動を見ていただいている、また域内のR&Dにも焦点を当てられてきたということで、これも、人の面でこれからのアジアを考えましても益々活発化すると思いますので、重要なところかと思います。また、日本もレベルの高い人材は積極的に誘致したいという政府の意向もありますし、そういった意味では非常に重要であったと思います。

それから、第七章のところに石原俊彦先生（経営戦略研究科教授）に「東アジアビジネスの展開とシンガポール」、ここではシンガポールの役割について、かつて研究されたことをベースにまとめていただきました。シンガポールには私も半年ほど住んだことがありますし、今でも毎年行っております。以前から見ていて、いわゆる局面局面に非常にきめ細かな政策によって今日に至っています。例えばITというような面からも、一九八〇年代初めからこれは大事だということで、着実に政策を執って、今現在アジアの中でも群を抜いて発展しているというようなところです。石原先生の場合、そういったところの、特にビジネスの方に焦点を当てて書かれたということです。

それから、尾藤隆先生（総合政策学部教授）にも参加していただいて、特に尾藤先生の場合は科学技術がご専門で、研究会でいろいろとよいコメントをいただきましたし、当初一つの章を書いていただこうと思っておりましたけれども、いろいろとご事情がありまして残念なことでした。

私自身は、台湾というところに焦点を当てて第1章を書かせていただいております。なぜ台湾かといいますと、私自身、大学を出てすぐに台湾に行って一年三カ月余り勉強しておりました。目的は中国語の勉強で、当時はビジネスとは関係はなかったのですが、一九八〇年代からコンピューター産業が発展しはじめていますけれども、一九九〇年代になって大きく変動してきて、そういった中で台湾が世界のコンピューターの生産拠点になってきました。それは

ＯＥＭとかだけでなく、いわゆる部品についてもそうです。そういった台湾の企業というのは、一九九〇年代を境に生産拠点を台湾から中国大陸に移動するということがありまして、中国のＷＴＯ加盟、台湾のＷＴＯ加盟をきっかけに、更に台湾の企業が中国に進出する速度が加速してきました。そういった中で、中国の中でも広東省というところは元々繊維とか雑貨が中心であったのが、電機・電子の生産の拠点になっていく。それがまた上海にも移動する。そのように、外から見ていても非常にインパクトがあるような形の動きがあって、どのような要因で移動しているのか、どのような目的で移動しているのか、そういったところを調べるのは非常に重要であるかなということで、私は台湾を調べさせていただいたということです。

そういうことで、日本・中国・韓国・台湾、それから更にＡＳＥＡＮの場合は人材の移動というところに焦点を当てておられるわけですけれども、あるいはＲ＆Ｄと、シンガポールのビジネスということで、東アジア全体の重要なところをカバーして、当初としてはテーマとしても非常に重要なところであったかと思います。

書評を、当時は名古屋大学の先生で、現在は大分大学に移られました江崎光男先生に書いていただきました。内容的には雁行形態を追っていると思っておりまして、私も雁行形態をよく勉強しておりましたし、今でももちろん授業でも教えておりますが、自分で書いたときはちょっとそのような焦点というのはなく、後でこの書評を書いていただいたところで自分たちのやった仕事の意味を書評として意味付けしていただいて、それも非常によかったかなと思っています。また、そういった面で私も自分が指導する学生についてもこのような流れを踏まえて、今後教育面でもこの方向でやっていきたいと思っています。

（小西）『新時代のコミュニティ・ビジネス』の福井先生、お願いします。

（福井）この本も出版してから数年経つのですけれども、産研叢書で『ベンチャービジネスと起業家教育』というのが二〇〇二年に出版されまして、その時、土井教之先生と西田稔先生（当時経済学部教授、一九九八〜一九九九年度まで所長）が編者で、ちょうどその頃から私もベンチャーに興味を持ち始めて、当時の所長（土井先生）からやってくれないかと言われまして、内容についてコミュニティ・ビジネスとかそちらの方でどうですか？というようなことを西田先生から言われたように思います。題を決める時に、会議のあった時にその場で決めてくださいと言われましたので、ぎゅっとひねったのがこの題で、そのまま本のタイトルになりました。ビジネスですが、私自身が商店街の活性化などで、当時西宮の商工会議所とか市役所とかと関係を持ち始めたところでして、その中で、商店街の活性化をどうしたらいいか？　あるいは、この関学という丘の上にある大学、西宮の北の方にある大学、そこに集う学生と、京都の町の中にある大学の学生の意識の差がある。それは何かというと、京都の町の中にある大学は、商店街とか中小企業とか工場とかそういうものが近くにあるので、そのような街の息使いとかに学生も日々触れているんですけれども、高級住宅地の真ん中にある大学の学生は触れていないし、市井の人々の動きをもっと体感させたいということで、商工会議所に持って行って何かやってみようと、そういうことを考えていた時でして、お受けしてこの本をやろうということになりました。メンバーは、髙橋保裕先生と兵庫県立大学の佐竹隆幸先生以外は学内の先生でやりました。

これはⅠ部、Ⅱ部、Ⅲ部とあって、Ⅰ部の「コミュニティ・ビジネスに果たす地域行政の役割」というところが、まず小林伸生先生（経済学部教授）で、この方は以前野村総研におられて、その時にこのようなことをやっておられるということをお聞きしていたのでメンバーに入ることをお願いしました。非常によかったと思います。ここで小林さんが書かれていることは、日本のコミュニティ・ビジネスと欧米とは全然違うということを非常に強調されております。私もそうかなあと思ったのですが、欧米のコミュニティ・ビジネスとは完全にビジネスなんですね。その地域の雇用を創出するためにコミュニティ・ビジネスをする、と。そのために政府は補助金を与えるということで、完全に地域の失業対策、地域の活性化ということで筋が通った形で地方にお金を流すということのひとつがコミュニティ・ビジネス支援政策であるというようなことが書かれています。日本の方はそうではなくて、都市部で大都会の老人とか社会的に弱者と言われている人たち、あるいは地域の活性化、そういったところで政府がお金を援助しながら大都市部の地域の活性化でやっているということを非常に明快に書いていただきまして、私も勉強になりました。

福　井

それから、二番目の石原俊彦先生の「地方自治体におけるコミュニティ・ビジネスの育成」というところですけれども、ここで一番印象に残っているのは、地方自治体は何から何まで全部自分たちではできない。だから、コミュニティ・ビジネスという形で民間のＮＰＯを利用して、地方政府からいうと重要度がまだまだ小さいけれども、地域住民の要求のあるものに補助金を与えてやっている、それが日本のコミュニティ・ビジネスであるということです。しかし、問題が一つあって、行政の方にまだ専門家が育っていない、それを育てなければならない。ところが、行政もすることがたくさんあるのでなかなかそこまで人材投資ができていない、というようなことが書かれていました。これも非常に明快な論文だったと思います。

第Ⅱ部に「コミュニティ・ビジネスに期待される地域経済の復権」がありまして、ここに三本論文があります。佐竹隆幸先生は兵庫県立大学経営学部の教授でして、本学の出身者でありますけれども、この方は第二創業とか地域の活性化ということで、神戸の方で具体的なアドバイスとか研究をされている先生ですので、ここで書かれていることは、「中小企業の経営革新とコミュニティ・ビジネス」という形で第二創業のことを書かれていたと思います。それから、総合政策学部の古川靖洋先生は「新規事業の育成と新たな産業クラスターの形成」というタイトルで、地域の中小企業やベンチャー企業が大学と連携して、バイオやIT、あるいはものづくりなどのクラスターを形成して、地域的な産業集積が行われるという問題を理論的にまとめられたものでして、まさに産業クラスターのことを書かれております。それから、藤沢武史先生（商学部教授）の「ディズニーランドにおけるコミュニティ・ビジネス的起業家精神」というのは、創業者のその精神が地域活性化的な観点もあるということで、実際にアメリカのディズニーランドに行ってアンケートを取り、いろいろ苦労されてアンケート結果を出されていました。

そして、第Ⅲ部が三つありまして、髙橋保裕さん、この方は阪急電鉄から出向して、今、森組の経営戦略本部の重責を担われている方ですが、この方には「地域イノベーションと共創の『場』」ということで極めて理論的なものを書いていただきました。髙橋さんは現場の人なので、もっと具体的なものを書いていただこうと思っておりましたが、予想とは正反対な論文で理論的なものでした。それから、その次は定藤繁樹現副学長（経営戦略研究科教授）が書かれました。「まちづくり・新事業創成の担い手としての大学」で、これは宝塚での関学の実験についてまとめられたものです。定藤先生は、今から七、八年前になりますが、土井先生と西田先生の編著のところにも書かれてまして、その時は関西学院大学非常勤講師、それから京都リサーチパーク（株）産学ビジネス部ベンチャーインキュベーション部長という肩書きでした。私は当時、阪神七市一町の商工会議所青年部のお世話をしていまして、向こうの方から阪神間の若い事業家の人をベンチャーの盛んなところに連れて行きたいと頼まれて、定藤先生を何かで知っていましたので彼に頼みまして、京都リサーチパークに行った時にいろいろ親切に案内していただいたんですけれども、その時以来の知り合いになります。その時はベンチャー企業が一二〇か一三〇くらい、オフィスというか工房というか、とにかく構えていました。京都リサーチパークは皆さんご存知のとおり大阪ガスの京都工場、あれが京都リサーチパークに変わりまして、大阪ガスの大阪工場は大阪ドーム、神戸工場はサッカー場に変わったんですけれども、ここだけは研究センターということで非常に力を入れてまして、初代の京都リサーチパークの社長は大阪ガスの副社長格の方が来られたということです。まあ、段々出向する方の肩書きはちょっと落ちているとはおっしゃっていましたが。その中で言われてたのが、なかなか上場できない、上場は難しくて、できたのは一つか二つだけであるということです。で、その定藤先生が宝塚での学生との関わりをまとめられたのがこれですね。アンケートも取って、統計分析も出そうということで、それを克明にまとめられました。

受賞については予想を全くしていなかったのですけれども、入試の監督期間中に渋谷事務長から連絡が入って、商工中金の賞をもらえたということで驚きましたけれども、嬉しかったという思い出があります。渋谷さんによると、御茶の水書房が申請をしていたそうです。その時の商工中金の雑誌がありまして、今ちょっと手元にはありませんが、その受賞推薦の書評も読んで、確か青山学院大学の森本三男教授が評価してくれてましたので、まあ、今でもそうですけれども、コミュニティ・ビジネスはカレントなトピックなので、それに的を絞ってまとめたのはよかったかなあと思います。以上です。

（小西）次は海道先生お願いします。

（海道）私が担当いたしましたのは『ＥＵ拡大で変わる市場と企業』ということで、叢書の31編目です。深山先生が担当された『ＥＵの経済と企業』が出発点だったわけですが、その後を受けて第二弾という形でプロジェクトを組ませていただきました。ちょうど二〇〇四年、このプロジェクトが始まった年が一五カ国から二五カ国に拡大した年で、その拡大でＥＵがどう変わっていくのかということを、経済と企業研究の面から明らかにしようというのがこの共同研究の狙いです。ちょうど二〇〇七年がローマ条約調印五十周年という年にあたります。ＥＵは半世紀をかけて六カ国から二七カ国まで拡大し、着実に目標を設定して、それを時間をかけながら順次達成していき、人・モノ・金・サービスが自由に移動できる、そういうひとつの経済圏を作っていきました。人口四億九、〇〇〇万人、GDP九、五〇〇〇億ユーロという非常に大きな経済圏が形成されました。先ほどもコメントがありましたが、日本ではEUの企業とか経済の動きについてはそれほど研究が進んでいませんでした。むしろ、政治学の側面から、あるいは法律の制度面の研究が非常に進んでいるのに対して、企業経営、経済はそれほど進んでいないので、そういうところも埋めるという意味合いでこのプロジェクトがスタートしました。いわゆる新自由主義に基づくアングロサクソン型の株主価値極大化、あるいは株主主権的な資本主義に対して、ヨーロッパでは戦前からの伝統を引き継いで、特に大陸側は労資協調的な資本主義、いわゆるドイツでいう社会的市場経済という理念が追求されています。また、それがEU全体の中にも広がっています。それは、社会的弱者である労働側にも配慮して、規制をかけながら、できるだけ格差の小さな資本主義を実現しようというモデルです。グローバリゼーションの中でEUも瞬時に国際金融の影響を受けますが、その根幹的な社会的市場経済という理念は維持しているという点を明らかにしようというねらいがありました。

このプロジェクトを組むにあたって、できるだけ現地の人の声を直接反映してもらった方が、我々が文献を読んで紹介するよりはるかに正確であろうということで、二〇年以上お付き合いのあるベルリン技術経済大学（HTW Berlin）の現在の副学長ゼムリンガー教授と元副学長のケスラー教授の二人に加わってもらい、直接EUの動きを書いてもらいました。ケスラー教授にはEUにおけるコーポレート・ガバナンス改革を担当してもらいました。新自由主義の下で、アメリカでは株主と経営者との関係を中心としたコーポレート・ガバナンスが非常に発展していますが、それに対してヨーロッパ型の場合には他のステークホルダーの利害も考慮に入れてEUの基準を作っていっていることを紹介していただいてます。それからゼムリンガー教授には、ナレッジ・マネジメント、いわゆる知財管理の問題

海　道

を取り上げてもらいました。特に中小企業は自分たち独自の知財を持っており、それをどうマネジメントしているか、というあたりに触れてもらいました。

このプロジェクトの特徴は、二〇〇五年に神戸大学と関西学院大学と大阪大学とでEUインスティテュート関西（EUIJ関西）の第一期が、駐日欧州委員会代表部の財政的支援を受けてスタートしたということと関連しています。関西学院大学では産業研究所へホルガー・ブングシェ先生（国際学部准教授、当時産業研究所准教授）に来ていただき、学生たちにアメリカだけでなくヨーロッパにも目を向けるように授業を進めてもらっています。その一環としてこのプロジェクトも動いており、産研プロジェクトの研究会をEUIJ関西のEUIJセミナーとしてもオープンにし、メンバー以外の先生方、院生、時には学部生も参加してプロジェクトの研究会を進めさせていただきました。

EU研究の核として、関西学院大学産業研究所が駐日欧州委員会代表部よりEUのドキュメンテーション、特に重要な一九五三年以降のEUが始まる石炭鉄鋼共同体からのオリジナル・ペーパーのドキュメンテーションの寄贈を受け、産業研究所は資料的にも非常に充実してきました。また、二〇〇七年にEU情報センター（EUi）を招致することに成功しまして、旧神戸商大（兵庫県立大学）の持っていたEUドキュメンテーションセンターの資料を引き継いで、現在ブリュッセルの方から随時新しい資料が入るようになりました。そういう研究面で豊富なデータがこの産業研究所にあるということは、このプロジェクトを進める上でも非常に有効でした。それから、先ほど言ったブングシェ先生を招いたことにより、EU研究がより活性化してきました。

このEUIJに関しては二〇〇八年夏に第二期の募集があり、三つのプロジェクトが選ばれました。一つ目は一橋大学と慶応義塾大学と津田塾大学のコンソーシアムであるＥＵＳＩ東京が選ばれました。二つ目は早稲田大学が単独で選ばれ、三つ目が第二期目のこのＥＵＩＪ関西が選ばれました。六つのうちから三つ選ばれまして、一期目と同じく四年間で一〇〇万ユーロ助成を受けています。

産研叢書の話に戻りますが、内容的には、経済の動向に関しては、藤井和夫先生（経済学部教授）にはポーランドを中心としてＥＵが東方に拡大したことによってどういう動きが出てきたかということについて、平山健二郎先生（経済学部教授）にはユーロの導入によって株価の変動がどのように変わってきたか、ユーロ導入と株価の関連について論じていただきました。第三章では野村宗訓先生（経済学部教授・二〇一〇年度〜所長）にＥＵのエネルギー市場について、特にＥＵ域内での非常に激しいＭ＆Ａの動きについて論じてもらいました。それから、小西砂千夫先生には深山明先生の編著から引き続き、ＥＵの安定成長協定がどのように展開していったかという問題を解明していただきました。ＥＵの企業経営の動向については、第五章で私がＥＵにおけるコーポレート・ガバナンス改革を扱い、更にドイツの現状を、ケスラー先生にドイツのコーポレート・ガバナンス改革を中心に論じてもらいました。第七章ではブングシェ先生にＥＵの自動車産業全体の動向について、特に東方拡大したことによって生産拠点がどういう風に動いていったか、ということについて論じてもらっています。また、深山先生には企業危機と危機管理マネジメントについて論じてもらい、第九章ではゼムリンガー先生に知財管理、ナレッジ・マネジメントについての問題を取り上げてもらいました。第一〇章では梶浦昭友先生（商学部教授）に、会計基準に関してはアメリカ、日本基準ではなしにヨーロッパ基準がグローバル・スタンダードになっており、アメリカン・スタンダードがグローバル・スタンダードではないことを論じてもらいました。

この叢書の書評をＥＵＩＪ関西代表である神戸大学の久保広正先生にお願いしました。久保先生より、ＥＵ研究では普通、政治学の領域、あるいは経済学の領域の研究が中心であり、企業経営の問題に踏み込んだ著書は非常に少ないので、その点で高く評価ができるというコメントをいただいています。

（小西）次は、山本先生ですが、編著書はまだ本としては形にはなっておりませんが、この出版物のねらいと内容についてご説明をお願いいします。

（山本）私は浦島太郎みたいに産研とは十数年間ご縁がありませんでした。産研が最初に叢書を出したのは講演なんですよね。講演をテーマごとに、その時の所長編集で名前が書かれている講演記録なんです。これは学生を含めた学内向けにシリーズで講演されたそのテーマで、それを論文に変えてもらって出すというのを一九六〇年に始められたんですね。それが大体片付きまして、産業構造論をやっていた専門家だった金子精次先生（当時経済学部教授、一九七八～一九八一年度まで所長・故人）からこういうものが始まって、私はそれからおそらく五回、地域研究をやっているんです。全部、前の歴史です。その間に産研の共同研究のやり方は二つ同時並行にずらしながらやっていって、その前は一つを二、三年かけてやっていたと思うんですけど、もう少しスピードアップということで、多分橋本徹先生の頃からですかね？

（小西）橋本徹所長から毎年本を出されてます。

（山本）私が五冊目の淡路島の研究をやったのは一九九三年で、それから現在ですので浦島太郎みたいなもんですよ。その後産研に出かけたこともなかったんですけれど、結局、退職三年前に私に花を持たせようということで、さよなら研究会をやろうということになって、小西先生から話がありました。また地域研究をやりますということで、「地域研究をやりますって何をやるの？」って聞いたら「北海道をやります」って言うので、「北海道にはいっぱい学校があるのに何で北海道やるの？」って言ったんですけれど、まんざらでもなかったのは、この際北海道へ行けるということで（笑）。退職間際でちょうどいろんなことがあって、公職を辞めまして手持ち無沙汰だったのもあって、最終的に評議員会でやりますということになりました。

地域で今起こっている行財政改革の問題と市町村合併問題、それと地域経済とか産業ということでやるということで、経済学部の高林喜久生先生と私と産研の小西砂千夫先生と、もう一人、誰か産業を担当できる人はいないかということで、北大卒業で国際経済を研究している人で小樽商大に船津秀樹先生という人がおられます。この方は、私がSMUに行っていた時に、彼はここで **Ph. D** を取られて一ヶ月ほど我が家に寄寓したことがあるんですけれども、非常に親しくなって、それから、小樽商大に就職が決まっていたので帰りました。国際経済の部門で活躍されていますが、彼は、今は民主党の代議士になっている横路さんという知事が、三期やられた時にブレーンになられた方です。今回は中札内というところを研究したのですが、そこからもこの知事を担ぎ上げるという運動が起こったようです。そういうところでやっている人なので、北海道のことはよくわかるだろうということで、「交通費くらいで謝礼も何も出ませんがやってみませんか？」と声を掛けたら、「構わない、やってみる」というお返事だったので彼が参加しました。

メンバーは少数で四名なんですが、どこへ焦点を絞るか？ということについて、これも私が焦点を絞った訳ではなく、中札内村という村が帯広市に隣接したところにあって、帯広空港がすぐそこにあるというような帯広平野で、十勝支庁というところにある中では最も交通の便が良いところで、JRもあって空港もあって空港から三〇分くらいで平野に位置する。私自身が北海道に興味を持っていたのは、北海道には歴史がない、いわゆる産業の歴史というものもないし、経済の歴史というものもない、明治になるまではほとんど未開発だったところを明治政府が急速な開発をしていったので、ここ百何年かの歴史しかないようなところとはどんなところなのか？と、とても興味があったわけです。

私は自分の興味から言ったら、地域研究として産研叢書で最初にやったのは西脇の『地場産業の研究：播州織の歴史と現状』です。当時はまだ地域の活力があった時で、何回もそこに行って、いろんなところを訪ねてやりました。初めは中国縦貫自動車道が通ったことでどのような影響があるのか、そういうところをやろうかと思っていたのですが、結局やれず、自分は財政学をやっていたので、都市の財政が自分の身近なところにありますので、それを自分の研究材料に訪ねて行ったり、そこでいろんな仕事をしたり教えてもらったりしてやってたんです。しかし、どう考えても日本は将来この都市化についてすごい問題が起こるであろうというよりも、将来どころかもう起こりつつあったんですね。過密の問題、ドーナツ化現象も起こり始めていたという時期ですので、自分としては、日本はもう一つ過疎から日本を見るという視点を持たないと日本の地域研究は非常にいい加減な研究になる、と。都市を繁栄させさえすれば日本は良くなるという論調は今でもそうなんですよ。東京一極集中に対して何も痛痒を感じてないという人が多いんですね。大阪研究を共同研究でやった時もあったんですけれども、みんな問題は東京一極集中を睨んでいて、悲観的でやればやるほど面白くないんですよね。まあそういうところでしたので、私としては、もっと日本の歴史的な、しかも歴史はあるけれども過疎だと言われているところへ目を据えないといけない。人口は全国の一割くらいしかないけれども面積が半分くらいのところに過疎というのはあるので、この過疎からの視点というのが、播州織の研究をやっていた時に刺激を受けたんじゃないかと思うんです。それから過疎という勉強も始めたんです。

山本

この中札内村を対象にするというのは、小西先生が市町村合併であちこち出掛けて行っている中で、非常に気持ちのいい役所だということがわかっていましたし、そこの助役さんや村長さんとかも親しい方だったので、そこをやりませんか？　ということになったんですね。私もあまりあちこち同時に研究をやるとわからないので、とりあえずそこをやろうということになって、評議員会で了承を得ました。

この村は、人口は四、〇〇〇人ちょっとしかいないんですね。面積は神戸市よりちょっと大きいくらいです。しかも平野にあって日高山脈に登っていくところまであって、札内川という大きな暴れ川があるようなところで、非常に開拓も困難だったために北海道開拓では遅く開拓されたということで、明治終わりになってやっと開拓され、そういうところで産業が行われていると聞いていました。一度行きましょうということで、全部で四、五回行ったと思います。二〇日くらいそこに泊まり、一週間ほど生活したこともあります。六月に行ったときは季節もよく感激しました。さすがに地平線までは見えませんでしたが、アメリカのテキサスに行ったときと同じように何にもないところでした。

こんなところで研究を始めるということになったのですが、ここでの一番の利点は役所が取り組むという姿勢があったことです。担当は四人なんですけれども、この四人だけでは何もできないということで、役所の人がある種の研究に加わるということになりました。ここの役人は七十何人かしかいないんです。どんどん減らして七十何人になっていたのですが、課長も三人しかいないんです。助役は今は副村長といいますが一人と、三人の課長の他に室長がいます。なかなか地味な人たちなんですけれども、いろんなことを考えて一生懸命やろうという気概があります。何かを言ったらすぐに跳ね返ってくるような感じです。そういうところに行きまして、私たちが研究しました成果が『「むらの魅力」の経済学：北海道の代表的風景・中札内村の研究』という、ちょっと量的には短いですけれども、これはある意味で荒削りな研究です。

私たちは北海道に行って、何がこの中札内村を現在に至らしめたかということを考えると、もちろん牧畜です。食肉ではなく乳牛をやって、稲作は一切やっていません。他に稲作が有名な産地はあるようですけれども。畑作をやって、じゃがいもとかとうもろこしとか大豆だとかそういうものを作っていて、見るからにトラクターのヨーロッパやアメリカの風景に似ています。日本の農業の風景はみんな田んぼですよね。畦があって水田耕作です。そんなのとは全然違う。私たちは初めて、日本の農業をどうすべきかを考える時に、まず北海道のようなところを見てから考えなければならないと思いました。もちろん、ほとんどは専業で、しかも法人化しています。ですから一人や二人、人を雇っているし、休暇を取る方法、どうやったら農民でも休めるかということとか、いろんな機械の共同購入をどうするか？　それは戦後中心になった人がいるわけです。それはどちらかと言うと進歩派なので、政党から言うと社会党系の人たちが主導権を握ったわけです。北海道というのは社会党の強いところだと言われてきましたが、なぜ社会党が強かったのかというと、北海道でも戦前は大地主制度で全部小作で、小作でなくても自分で開発した土地は貧しかったらしょうがないので、手放して売って、自分はお金を手に入れてなんとか生き延びていくという方法しかなかったので、小作となり、それを段々買い集めていって大地主になっていく。それが他のところと同じように農地解放で全部土地持ちになっていくわけです。ですから細かく分かれていくんですけれども、それでも北海道だから一つひとつは大きくて、それを買い集めていろんなことをやるとか、また借りてやるということです。小さな村ですので財政の危機もあったので、役所は最小限の役で一人何役もこなしているんです。一人一役ではなくて何役か持つ。そうならざるを得ないんです。助役がカウンターの外に座っているんです。心がけが違う。村民が来ると助役が相談に乗っていたり、そのような感じでした。歴史的資料というのは戦後くらいしかなかったんですが、そこから普通の人がその土地のためにどんな貢献をしたかということを理解することができました。人づくりというものがどれだけ大事であるか、そこでどうやって生きていくかということですね。

私が過疎をやった時に何を手がかりにしていくのがいいのかと言いますと、内発的発展論というのが一九七〇年代ですかね？　途上国発展のために国連なんかでそれまでの先進国の投資資金を持っていって、先進国の機材を輸入し、産業の近代化を図るという方式がうまくいかないため、それぞれがその土地土地で自分たちにふさわしいそのための資本の投下や人材の育成をやっていくという、教育とかを土台におく内発的発展論が国内の地域研究にも使われて、いろいろ応用研究というのが出てきまして、日本でも経済学者でない人がむしろこういうことをやっておられます。経済学者も一部やっておられたようなのですが、多分地域研究をやっておられる人はすぐにそこにたどりつくと思います。そういうのを見ておりまして、正直な話、内発的発展論は理論はあるのですが、実際に言うは易しですが大変だなあと思っておりましたし、中札内村をやって、今は何とかやれていますが、将来はどうなるか……？　ここは一時期過疎指定だったのですが、うまく人口減少が止まりまして、帯広近郊ということもあって人口が少し回復しました。もちろん、新しい人を迎えるような住宅地を作ったりしています。

そういうところを研究した成果で、総括的に私が担当し、次に、北海道の農業の視点から中札内の農業はどういうことかということで、小樽商大の船津先生が書きまして、その次に、その農業が実際どうなったかということを役所の課長が書きました。花畑牧場や六花亭をそこへ誘致した企業のことや、農業牧畜からブランドものを自分たちで作って直売しているものもあります。そのあたりの研究をしたのが高林先生と役所の人です。その次に昭和の合併で、昭和の合併は二〇年代に、ここは分村しているんです。合併はしてないんです。今回も北海道は八〇何パーセント合併してないんですね。ほとんどそのまま残ってしまっているんです。何故合併しなかったのか知りたいなあと思っているのですが、最近の平成の大合併の時も合併協議をしましたが、合併しなかった。そのいきさつについて小西先生が、その前の昭和二〇年代から三〇年代にかけてやった合併については役所の人が書かれたということです。

（小西）　さらに編著書についてご説明をお願いします。まず、深山先生からお願いします。

（深山）　先ほど申しましたように、二〇〇一年から共同研究が始まりました。一九九三年にＥＣがＥＵとなったのですが、そのＥＵについては非常に懐疑的だったのですね。「ＥＵはうまくいくのか。通貨統合など本当にできるのか」という疑問がずっとあったわけです。それで、ＥＵの機能やユーロの役割を認めざるを得なくなってきました。また同時に、紙幣や硬貨が流通し始めたわけです。それで、ＥＵの機能やユーロの役割を認めざるを得なくなってきました。また同時に、ヨーロッパ型の資本主義を意識するようになりました。ミシェル・アルベールの『資本主義対資本主義』というのがありますが、二〇〇〇年代の初め頃から「ヨーロッパ型資本主義とアメリカ型資本主義」という構図が明確になり始めました。そのような状況の下で、ＥＵに関する研究を始めることになりました。先ほど海道先生が言われたように、ＥＵの研究というと政治学が中心となっており、制度の解説などが多く、経済学的あるいは経営学的な研究は非常に少なかったので、その意味で、我々の共同研究はよいテーマ設定ができたと思います。

そこで、せっかく共同研究をするのですから、できるだけ体系的な研究を行いたいと思いました。したがって、先に人が決まっていて、それらの人に役割を与えるというようなことは絶対に避けることにし、まず研究内容を確定し、それにふさわしい人選をすることにしました。学内に眼を向けますと多くの専門家が見つかりました。また、学内の人的資源で足りない部分は学外からの協力を仰ぐことにしました。まず、総合政策学部の園田明子、産業研究所の小西砂千夫、経済学部の野村宗訓、商学部の海道ノブチカ、梶浦昭友、藤沢武史、山口隆之の各先生にメンバーとなっていただき、私も含めた八人でスタートしました。当時はヨーロッパの統合が本格化する時期だったのですが、

深　山

ご承知の通り、旗を振ったのはドイツとフランスです。しかし、両国は同床異夢という状況でした。また、イギリスは両国と距離を置いていました。それで、ヨーロッパ統合の過程におけるドイツ、フランス、およびイギリスという構図があったんです。そのようなわけで、ドイツの専門家、フランスの専門家、イギリスの専門家にお集まりいただいたわけです。

本の内容は、次の通りです。第Ⅰ部「EUの経済」、園田先生にEU全体の仕組みや制度を解明していただき（第1章）、小西先生に財政の側面からEUのガバナンスの問題を研究していただきました。また、野村先生には主としてイギリスの観点からEUのエネルギーの問題を論じていただきました（第4章）。さらに、産業の問題の解明のために、学外から二人の先生に参加してもらいました。吉川真裕先生と中村徹先生です。吉川先生は証券経済研究所にお勤めで、経済学部の非常勤講師をしておられました。先生はヨーロッパの証券市場に詳しい方で、証券市場統合の問題を扱っていただきました（第3章）。中村先生は大阪産業大学教授で、ヨーロッパ交通論の専門家です。EUの鉄道問題について執筆していただきました（第5章）。ご存知のように、ロストウ流に言うと、各国は鉄道でテイクオフしたのですから、この問題は重要です。

第Ⅱ部「EUの企業」がもう一つの柱です。海道先生にはヨーロッパ会社について明らかにしてもらいました。当時この企業形態は話題になりかけた頃で、先駆的な研究であったと思います（第6章）。梶浦先生には会計制度の統合の問題を執筆していただきました。当時は、日米欧の会計基準の問題が盛んに議論されており、きわめて時宜にかなった研究でありました（第7章）。私は経営レベルでの共同決定について明らかにしました。ドイツの非常に厳しい共同決定制度をヨーロッパ全体に広めるのか、ドイツの制度を骨抜きにして他の国に適用するのかということが問題になっていました。この問題を経営組織法との関連で考えたわけです（第8章）。そして、藤沢先生はイギリスのツーリズムを取り上げられました。ヨーロッパではしばしば旅行業やツーリズムが問題となります。このあまり知られていない問題を産業・企業の問題として考察してもらいました（第9章）。第10章は山口先生の担当で、ＥＵの中小企業政策の現状と課題についての解明をお願いしました。

かくして、まとまった研究を行うことができました。学習院大学の小山明宏先生に書評を書いてもらいましたが、非常にユニークでレベルが高いという評価をいただきました。

どのような研究活動をしたかということですが、原則として全員にヨーロッパに出張していただきました。その結果、現地の新しいさまざまな情報を得ることができました。また、表紙の写真は小西先生が撮影されたものを使わせていただきました。

研究会の雰囲気はよかったです。メンバーのほとんどが普段からヨーロッパに関心をもち、ヨーロッパで生活をしたことがあり、ヨーロッパの言葉ができる方でしたから、実りのある研究ができたと思います。非常にいい機会が与えられたことをありがたく思っております。

（小西）ありがとうございました。次に伊藤先生、お願いします。

（伊藤）今、深山先生がおっしゃったように、現地へ行くことを基本としているということで、我々もそういったことが頭にあったわけです。私自身も台湾企業が中国へ、ということですので、特に中国に行っている台湾企業を実際に訪問して聞き取り調査をやりたいと思ったんですが、なかなかコンタクトが取れなくて、結局それは果たせませんでした。台湾に別のプロジェクトで行く機会がありましたので、そこで資料を購入したり、あるいは日本で資料を購入したりと、別の機会で台湾に行った時に、研究なり情報を持っておられる台湾の先生にお伺いしたりしてまとめていきました。

それから、韓国の漢陽大学の趙炳澤先生の場合もそういうことを考えられましたが、韓国の文献、日本の文献を中心に、韓国については現地に出て行っている企業の事務所とか、そういうところから集められたり、韓国の中でいろんな現地の情報を集められました。それから、朴昌明先生の場合は実際に韓国で調査を実施されてやっておられたので、そういう面ではよかったと思います。土井先生も当初は韓国に行ってというようなことも考えておられたのですが、結局それができなかったので日本の文献を中心にまとめられました。井口先生の場合は、タイ、マレーシア、インドを含んでおられますが、実際に現地に行かれたり、文献も使いながらやっておられました。石原先生の場合は以前に産研プロジェクトでやられたことをベースにまとめられました。本当は深山先生がおっしゃったような方針で行きたかったので、それを果たせなかったのはちょっと残念でしたが、皆さんそれぞれ意図したところをきっちりとやっていただいたかなと思っています。特に先ほども申し上げましたが、趙先生には韓国の豊富な資料、普通我々の目に届かないところの資料を集められて、そういったところをベースにまとめていただいたということで、地域的にもカバーできていると思いますし、特に日本・中国・韓国・台湾というような地域のところではかなり詳しくできたと思っています。

もう少し、例えば商学部の先生方などにも入っていただけたらよかったのですが、経済学部の先生と、特徴としては韓国の方が二人入っていただいたというのは非常に良かったかと思います。それを機に今も趙先生は来日されていて密に交流を深めておりますし、昨年の四月には、逆に土井先生と二人で韓国の漢陽大学に行ってセミナーで報告するという機会を与えていただいて、学部ではなしに、韓国という形でむしろ国を越えた交流を続けております。ＥＵ

の方は海道先生を中心にずっと続けておられますし、そういう意味では、今後は日本の地域研究が入ってくるとは思いますが、もう少し幅を広げながら、例えば中国とかＡＳＥＡＮとかそういうところに拡大して、産研はそういったところの拠点になっていってくれたらいいかなと思っています。

（小西）はい、では福井先生お願いします。

（福井）先ほど言い残したことですが、メンバーは全部で八人おられますけれども、なかなか集まれなくて、数回集まった記憶がありますが、結局、書物を作るということで皆さんそれぞれの立場からまとめてくださったというのが正直なところです。「コミュニティ・ビジネス」に関して、執筆者に一定の振幅があると、青山学院大学の森本名誉教授が指摘されるのもやむを得ないでしょう。一番思い出すのは、賞をいただいて賞金を四〇万円いただいたんですけれども、それでもってリーガロイヤルホテルで記念のパーティを奥さん同伴でしたところが一番印象に強いです。定藤先生は産学連携担当の副学長職でがんばっておられますし、それなりの共同研究の意義はあったのではと思います。以上です。

（小西）では、海道先生。

（海道）研究活動の特色としては、ＥＵＩＪ関西が立ち上がったので、ＥＵＩＪが招聘した教員を順次この共同研究会の講師に呼んで、プロジェクトとＥＵＩＪセミナーの共催という形で研究会を開催してきました。直接向こうへ行った場合、アポイントを順番に効率良く取るのが非常に難しいですが、順番に来てくれるので、ＥＵの研究者と直接院生もコンタクトが取れます。そして、その次の年くらいに関学の院生が向こうに行く時にＥＵＩＪの奨学金がもらえるので、若い人たちと向こうの研究者とのコンタクトを作る場として産研プロジェクトは良かったと思います。

今後の展開ですが、私はＥＵ研究の第三期目を担当しており、四月から最終年度に入ります。今度は拡大ではなしに統合が進化したことによって、どう日本とヨーロッパの企業が変わってきたか、あるいは経済が変わってきたかという点に重きをおいています。良い成果をあげたいと思います。

（伊藤）言い残したことですが、叢書の表紙の写真について、私も台湾に焦点を当てたので、その企業の発展の中心というのが新竹の科学工業園区ということで、それが南北の縦貫の高速道路のすぐ横にあるんですね。桃園国際空港のすぐ近くにありまして、日本のＪＥＴＲＯにあたる遠東貿易センターというのがありまして、その大阪の事務所にお願いしてその写真を使わせていただいたという経緯がありました。

（小西）御茶の水書房は全部写真を使わせてもらってますね。

（伊藤）御茶の水書房さんにはずっとお世話になってきたんですね。海道先生の『ＥＵ拡大で変わる市場と企業』から日本評論社に変わって、その目的というのは、御茶の水書房さんには非常にお世話になって有難かったんですけれども、やはり購買力や需要の面から考えると、日本評論社の方がいいかな、という思いもあって、日本評論社に切り替えていきました。その時は小西先生からコンタクトを取っていただいてこういう形でさせていただきました。より産研の叢書が社会的インパクトのあるものになればいいかなという意図でやらせていただきました。

（小西）御茶の水書房は淡路研究からだったと思いますが、これは鳥越皓之先生のご紹介でそうなりました。17編からずっとしばらくで、これは御茶の水書房が一番長いですね。

（山本）賞はここには書いてないけれどもこれだけですか？

（海道）西田稔先生と土井教之先生編著の『ベンチャービジネスと起業家教育』があります。

（渋谷）商工中金（正式には財団法人商工総合研究所）の中小企業研究奨励賞です。

（山本）金子先生の『地場産業の研究：播州織の歴史と現状』編纂の時にも同じものをもらってますね。

（小西）そうです。

（渋谷）全部で三回もらっています。

（小西）福井先生の表紙写真はどなたが撮られたんですか？　ちなみに、深山先生編のＥＵの本の表紙は、私がブリュッセルのＥＵ本部前で撮影したものでして、産研叢書にはいくつか私の写真を使っていただいています。

（福井）出版社から事務長を通じて写真をくれと言われたので、上の写真はコロンビア大学の前で、たまたま屋台が並んでいました。ブロードウェイを半面封鎖して長さは五〇〇メートルくらいあったんですけれど、そこで撮った写真です。下の写真はたこ焼き世界学生選手権の時の西宮北口での写真です。一つだけ、僕にとって有難かったのは、普通、書評は編者が誰かを紹介する形になっていたんですけれども、橋本介三先生（大阪大学教授）をどなたか先生から紹介していただいたことです。

（小西）最後に今後の展開についてですが、特にご意見のある先生にご発言をお願いしたいと思います。現所長、所長経験者、評議員、評議員経験者、それから山本先生のように歴史的に関わっておられた先生もいらっしゃいますので。産研の共同研究というのは競争的研究資金ではないんですね。学内資金で学内の現場が柱になって学部を越えた学際を研究するという形で、産研の年史的にはそういうものはとても意味があることだと思うんです。今後どうしていくかということも含めて、そういうことをどのように考えるか？　どなたでもよろしいのでお願いできればと思います。

（福井）では僕から。私は総合教育研究所の評議員をしておりまして、ちょうど昨日、総研の評議員会がありました。ひとつは成果のことで、他のことを言うのは何ですが、情報メディアも総研も同じようなことをずっとやってきたんですけれども、産研が毎年このように研究成果を出しているというのは学内的にも評価できることではないかと思います。実際、昨日も総研はなかなか出ないけれども産研は毎年出している、どうしてこんなに違うのかと言われた先生もいて、私も鼻が高かったです。

（小西）年によっては年に二冊出る場合もあります。

（深山）福井先生が総研との比較で言われたのですが、各大学に色々な研究所がありますが、特に私学でこれだけやっているところは関西にはないのではないかと思います。非常に貴重な研究の場であると思います。しかも、これだけの業績を残しているのですから、今後も活発な活動を続けていただきたいと思います。ヨーロッパに関して言いますと、人的資源は豊富です。ヨーロッパの言葉ができる人、ヨーロッパに住んだことのある人、ヨーロッパに人脈をもっている人が学内にはたくさんおられるのです。そういう人々を結集するためのオーガナイザーの役割を今後も果たしていただきたいと思います。特にアメリカによる一元的支配が怪しくなり、ヨーロッパがますます重要になるものと思われます。産業研究所には大いに期待しております。

（伊藤）私も産研の評議員になる前に、産研のイメージとしては大学と社会とのいわゆる結接点になるような重要な組織だと思っておりましたし、叢書を見てましてもヨーロッパの流れの経緯があって、今はそれが関西学院大学の売りのひとつとなってきていると思うんですよね。そういったものを産研が役割を果たしていると思います。土井先生のイノベーションも現在進行していて、社会科学系の人がイノベーションをやるという分野はおそらくこの研究会が中心となりつつあるんですね。大学の社会への貢献という意味を果たしている非常に重要な組織、あるいは研究会となっていると思います。山本先生が今やっておられる地方自治というのも非常に重要なテーマですし、そういった広い社会にとっての重要なところを産研の研究会でやっていくということはよいと思いますし、今後とも続けていかなければならないものだと思います。そういったことは大学のいわゆる外からの評価にもつながってくると思いますね。ぜひこういった流れは、専任の教員がおられなくても所長や運営委員を中心にプロジェクトでもって継続していただきたいです。産業研究所だけでなくて関西学院大学にとっても非常に重要だと思いますので期待しております。我々も現在は運営委員でもなく、産研を離れましたけれども、全面的に協力したいですし、何かあれば参加していきたいと考えております。

（深山）私もいつでも協力する気でおりますので、所長にはがんばっていただきたいです。

（山本）産研はいつの頃からですかね？　二〇年くらい前から改組転換の答申が出ていたわけですけれども、全然実行する学長がいなかったということもありますが、産研自体が抵抗していたということもあるんですね。この抵抗の歴史を見ていたら、最初は商・経でがっちり組んでやっていたのが、学内に限られていましたが、初めて経済学部、商学部以外の先生に参加してもらっていますね。一五冊目の一九九一年に出た『グローバリゼーション―日本企業の挑戦―』の時、ここで初めて社会学部の西山美瑳子先生が入られて、そこから始まっていきました。実はこの頃に社会学部の先生から文句が出ていたんですね。社会学部も産業に関係した人がいるのに、ということで、柚木先生は思い切って文学部の先生を入れたり、その次は一六冊目で法学部の北山俊哉先生や冨田宏治先生とか前野育三先生とかこういう人たちを入れられて、今に至っては学外とか外国人の方とかあらゆる人、まあ主要な人は学内の人が多いですけれども。意図的ではなく外圧で産業研究所のあり方が変わってきたということです。所長の方針だけではなく、研究所自身が変化してきているということです。今後大きな変化というのは研究所所属の専任の教員がおられなくなるということですよね。

（伊藤）あとは評議員会というのを運営委員会に切り替えたということもです。

（山本）教員がいても力を持つ教員がいなくなり、やる気がない人が就くと本が一冊も出なくなってしまう。本が出ないとお金を返上すればいい話ですが、行きつくところは外部資金を申請すればいいということで、共同研究の資金を文部科学省に申請するというようなことになるでしょうね。共同研究を内部資金と外部資金の二本立てでやっておかないと内部資金が出なくなってしまう可能性があります。学部には下りない研究費が産研には下りていたのは、歴史的に下りていたからそれを引き続いてもらっていただけなんです。これはがんばった先生がおられたからで、産研はそもそも一人の先生ががんばって作られたものです。旧制商経学部の田村市郎先生が資料室を学部の片隅に作られて、昔はそういった人がいないと作れなかったんです。今、新学部を作る時はそうではないですけれども。

これからの産研を良くしていくためには若い人に上手く入ってもらわないと駄目ですね。外国人も入れるとしたら、博士論文を書いた院生がいれば、彼らの能力を活用する研究論文も入れていけばいいと思います。

（伊藤）産研論集には入っておりますけれどもね。まあ、今回『東アジアのビジネス・ダイナミックス』では朴昌明さんはそういった形です。

（深山）その時はまだ専任職に就いていていなかったですかね？

（伊藤）ちょうどなる前だったと思います。

（渋谷）西田先生の叢書の時も、大学院生の執筆で村田恵子さんという方が西田先生と共同執筆ですけれども、やっておられます。実績としてはあります。

（山本）叢書をこうやって積み上げてみて、価値はありますかね？

（伊藤）あると思いますよ。例えば先ほどの深山先生や海道先生の流れもありますし。

（山本）叢書を価値あるものにするためにはそれを総括することが必要ですよね。産業研究所は叢書をやったことで副産物ってたくさんあるわけでしょう？　どうですかね？

（伊藤）土井先生のイノベーションでも、共同研究の過程で産官学のイノベーション・シンポジウムというのがありましたし、そういった流れの中で全学的にいろんな人が集まってきたり、外との連携という形で、ただ単に関学にとどまらず、関西の方でこれから貢献していくような人が出てきています。例えばＥＵＩＪ関西というのも、実質的には関学の産研がかなりのウエイトで動いていってるんですね。

（山本）それは明らかに意義があると思います。極端に言ったら毎年か二年に一回は必ず叢書を出すという風にしておいた方がいい。

（伊藤）関西では、いろんな分野で、たくさんはできませんけれども、核になっていくのが産研かなと思っています。

（海道）ＥＵＩＪ関西の関西学院大学の事務局は渋谷さんと石田さんに担ってもらっていますが、ブングシェ先生は学長直属の方でＥＵＩＪの教員として四年間、任期制教員として専任で来てもらっています。

（山本）ＥＵＩＪというのは出版もできるのですか？

（海道）できます。ＥＵＩＪでの出版は、今、予算を組んで、ＥＵＩＪで四つの分野に関して、つまり、政治、経済、法律、経営に関してＥＵＩＪシリーズとして四年後に出るように構想を練っています。そのためのＥＵＩＪの研究会を四月から立ち上げる予定です。

（伊藤）事務局は神戸大学ですけれども、産研が事務局として実質的なところの動きというのはかなり貢献してるんではないですか？

（海道）そうです。ドキュメンテーションに関してはすべて関学が担当になっています。

（山本）それも産研の発展形態ですね。

（伊藤）そういう意味で産研の役割というのは以前の役割以上に拡大してきているのではないですかね。逆に言えば職員の方々にかなり負担が掛かる面があるのではないかと思います。

（渋谷）アジア研究での延長線上で、国際シンポジウムとして日中経済シンポジウムを始めたというのは大きいと思います。

（伊藤）これは今まで二回やって、事務方の中国との連絡という部分は国際教育協力センターが中心となっていますけれども、実際シンポをやる時には産研の方々にやっていただいて、かなり助けていただきました。今後まだちょっと名前はわかりませんが、日中経済社会共同研究センターのような構想が動き出すかも知れません。それが産研になるのか国際教育協力センターになるのかちょっとわかりませんけれども、そういったきっかけになっているところの裏方の部分を産研でやっていただいて、それも発展しつつあるところです。

（山本）私がこの叢書の歴史を見ていたら、ここには入ってない分野がありますね。地域とか、もう少し今現在直面している、例えば労働とか福祉とか社会保障とか、産業と言ってもみんな関係がありますからね。今後やる時に拡大して、学部を超えた、特に社会科学系の学部を超えたようなものができるのではないかと思いますね。

（渋谷）図書は一年に一冊しか出せないのですけれども、最近では産研論集の方に企画論文という取り組みを行って、テーマごとに毎年出しております。

（福井）事務方が産研は非常に優秀ですよ。研究支援能力や場合によっては課題提起の能力もあって、また、細部なところまで手をまわしていただいてます。シンパの先生ですね。今日はここに来ておられないシンパの強力な先生を複数抱えていて、いろいろと産研の企画を支えていると思います。他のところは一年、二年で交代して終わり。他のところがうまく機能しているかどうか？というと、ここはそういう意味で優れているのではないかと思います。

（伊藤）小西先生が去年まで産研におられた頃には東京で講演会とか、これも産研の外側に対する貢献の一つだったと思いますし、そういった流れというのが叢書の一つに結びついておりますね。学部が人間福祉学部に変わられましたけれども、できれば産研で共催という形でやっていただきたいです。私もいずれは学部が変わりますけれども、何かあったら産研と共催という形でやっていきたいです。

（山本）産研も変わっていってもいいかもしれないですね。

（海道）それこそ、第1集から並べてみたら産研の時代の変遷としておもしろいですね。

（小西）ＥＵＩＪという新しい柱が立ちましたからね。

（海道）これも、たまたま深山先生のプロジェクトの時に総合政策学部の園田先生がメンバーの一人であり、ＥＵＩＪを立ち上げる時に、ちょうど私が所長をやっており、その園田先生から、こういう話が神戸大学から来ていますけれども関学さんは受けていただけますか？ということでした。総合政策学部の中野先生が窓口になって、一番最初は阪大に集まって立ち上げが可能かどうか？というところから始まりました。

（山本）学部ではなく、ここでは産研があったからということになりますね。

（海道）はい。産研がバックアップをしていただいたのでうまく立ち上がりました。本当に仕事量が膨大に増えて申し訳ないです。

（渋谷）いえいえ、そんなことないです。

（伊藤）私の時、講演会やシンポジウムが増えて、小西先生もやっておられましたけれども、私の時に急に増えて、おそらく講演会やシンポジウムを持っておられるところはここが一番だと思うんですね。

（福井）先日、東京で増田寛也前総務大臣の講演会を小西先生にやっていただいて、東京の各都道府県事務所の駐在員や、財務省の現役課長までお忍びで来られて、あれはランバス・ホール満杯でしたね。あまりコストがかからないような形で小西先生に講演会の下準備や運営をうまくやっていただいて。

（小西）最近は講演会をする時にお客さんが集まらないという心配は絶対にないですね。

（渋谷）小泉さんが総理大臣の折、その時の総務大臣の麻生太郎氏が講演内諾をくれたことがありましたね。ところがその後郵政解散で、結局流れてしまったんです。

（山本）テーマは何で呼んだんですか？

（小西）テーマは特に決めてなかったです。当時の総務大臣として。

（福井）講演会をする時に渋谷さんからノウハウを言われることは、どこかの授業でやってほしいと。人集めが大変なんです。その差は痛感してますね。

（伊藤）ブングシェ先生のＥＵＩＪなんかは結構人が集まってましたね。

（小西）産研叢書に関することだけでなく、共同研究のあり方、今後の展望など、密度の濃い話をしていただきました。本日はどうもありがとうございました。

(2) 編集経験者へのインタビュー

①西田稔先生（元所長・元経済学部教授）

聞き手：渋谷武弘

（西田）私が関西学院大学経済学部に来たのは一九八九年四月ですが、それ以前は大阪市立大学の経済研究所に二〇年間おりましたので、研究所育ちで、そういうキャリアを多少なりともお考えになったんだと思いますが、さっそく産研プロジェクトに加えていただきました。

最初に高井眞先生（当時商学部教授、一九八九年度所長）の共同研究プロジェクトにすぐに入りまして、そこで執筆にも加わりました。その時に出来上がった本が、清文社の『グローバリゼーション―日本企業の挑戦―』です。当時は今とは違ってプロジェクトは二年間単位のプロジェクトでしたから、これは一九九一年三月に出来上がりまして、大変思い出深いです。これが私の最初に関わったプロジェクトですが、以来、何度もプロジェクトに加えていただいております。

この産研プロジェクトの方式は、いつからか正確には覚えておりませんが、三年間単位のプロジェクトに変わりました。これは、私自身が意思決定過程に加わっておりませんので正しいかどうかはわかりませんが、私の提案を入れてもらっていると思うんです。私は研究所暮らしが長かったですから、こういうプロジェクトを本格的にやろうと思ったら二年ではダメだ、三年というのが一番いい単位です、と言いました。ある時から三年単位のプロジェクトになり、これは非常に良かったと思います。と言いますのは、大勢の人が集まって本当に一緒に研究をして成果をまとめようとしますと、まず、最初の一年は顔合わせに始まってどんな風にやろうか、といういわば手探りの状態で、二年目に本格的にそれぞれが自分の研究をし、そして発表もし、お互いに研究内容のすりあわせもし、そして最後の三年目に成果を本にまとめる、と。こういう形になりますので、二年ではうまくいかないんです。二年単位ですと、極端に言えばすでにあるものをまとめて本にするということになってしまうんです。ところが三年にしますと本格的なプロジェクトの展開ができますので、これは非常によかったと思います。プロジェクトの内容が濃くなってきているのではないかと思います。これが共同研究についての私の特に印象深い点ですね。

それと、もう一つは共同研究の成果発表なんですが、私が最初に加えていただいた高井眞先生編集の『グローバリゼーション―日本企業の挑戦―』、このあたりの時期は出版社が清文社というところだったので、市販ルートを持たない。せっかくいい本を出したのにほとんど売れない、一般の人の目には触れない、という形だったんですね。私はその時、非常に悔しい思いをしました。自分ではしっかりといい論文を書いたつもりなんだけれども、ほとんど人目に触れない。その後、産業研究所の小西砂千夫教授が努力なさったんだと思いますが、御茶の水書房から本が出るようになりました。これはすごい貢献だったと思います。これで、せっかく苦労してまとめた出版物が非常に多くの人に見てもらえるような形で世間に出るようになった。これは特筆すべきことだと思います。

(渋谷) このあいだの座談会の時には、これは小西先生からだったと思いますけれども、当時の副学長鳥越皓之先生のご紹介があったということです。御茶の水書房は東大の正門前にあって、なかなか由緒あるところなんですね。

(西田) そうですか。おかげでこの産研の仕事が世間に広く知られるようになった。これはすばらしいことであったと思いますね。

（渋谷）その後、御茶の水書房さんにはきちんと丁寧に編集、あるいは装訂などもやっていただいて、いいものが連続して出ていると思います。

（西田）御茶の水書房の方から見ても、産研の仕事はそれだけの価値があると評価されているんだと思います。値打ちのないものだったら、あちらもあまり気が乗らないと思いますが、それだけ評価されているんだと思います。

（渋谷）最近は少し学内の方から声が出て来て、これをもう少し広報的な形で使うという意味で、経済分野の著名な出版社、日本評論社の方から出したらどうかという声が出まして、最新号は日本評論社さんに切り替えることになったんですけれども。私としては御茶の水書房さんの編集はなかなかよかったなという風に思っています。

（西田）それは日本評論社というのがもうひとつ大手ですから、結構なことかも知れませんね。

（渋谷）編集の内容という面では、御茶の水書房は非常によかったと思っています。

さて、先生が所長をなさってた時、一九九八年、一九九九年にちょうど二つの研究会を立ち上げられて、一つは『サービス・エコノミーの展開』、もう一つは『ベンチャービジネスと起業家教育』、どちらも最終的な成果物の編集ということで役割を担っておられます。サービス・エコノミーの方は共同編集者の鈴木多加史先生（当時経済学部教授）が関学から転出されましたので、もう一つの方は土井先生との共同編集ということで、土井先生がいらっしゃいますから、どちらかというとサービス・エコノミーの方に重点を置いてお話いただければという風に思っております。もちろん、ベンチャービジネスの方についても後で触れていただこうかなとは思っておりますけれども。

まず、先生がおられる時にこの共同研究のプロジェクトが立ち上がったわけですけれども、サービス・エコノミーを選んだ狙いとか、メンバー編成を考える時にいろいろ工夫されたこととか、何か共同研究を編成される時の思い出というものがありましたらご紹介ただければと思います。

西　田

（西田）サービス経済、サービス・エコノミーというテーマが非常に重要だということは、私が以前所属しておりました大阪市立大学経済研究所時代から実は考えていました。そこで文部省の科研のプロジェクト予算を取っていたのですが、その途中で関学の経済学部に移ってきましたので、そのままになっておりました。サービス経済についての研究が時代の経済・産業の流れの中で非常に重要であり、しかも、まだ手薄な研究領域だということは非常に痛感しておりましたので、私が所長見込みになりました時に、これは最初のプロジェクトとしてサービス・エコノミー、サービス経済化ということをやりたいと思いました。そして、プロジェクトの骨組みを作らなければならないということで、当時同じく経済学部におられた鈴木多加史教授と土井教之教授の二人に呼びかけまして、居酒屋で一杯飲みながら、「どうですか？　サービス経済ということで産研プロジェクトを一つ、いいものを作りませんか？」と、お話しましたら、お二人も賛同されて、ぜひ我々が中心になって組み上げようということでした。その時、私はテーマの性格上、日本経済の構造の研究をずっとやってこられた鈴木多加史教授にまず骨組みにあたるところをやっていただく、ということが絶対不可欠の条件になると話して、このサービス経済化のプロジェクトの中心は鈴木教授にお願いし、私と土井教授はそのサポート役にまわるということになりました。まるで談合のようですけれども（笑）。まず下ごしらえが出来まして、その後、正式に産業研究所の会議でテーマの設定を認めていただいてスタートしたというようなことです。したがって、このプロジェクトで私が一番貢献したのは、時代の流れの中で重要なテーマであるサービス経済化ということについて、このプロジェクトの骨組みを立てたということですね。後は、プロジェクト推進の骨組みの柱になっていただいた鈴木教授が中心になって展開するという形になっていった訳ですね。当時の松尾事務長さんから、この本が出来上がってしばらくして、この本の売れ行きは非常によろしい、産研の叢書の中では過去トップクラスの販売状況になっています、というようなことで、産研のプロジェクトとして成功したということは非常に嬉しかったですね。

（渋谷）それから、この本は出版されてから、中国の方から御茶の水書房の方に打診が来まして、中国の方で翻訳出版させてもらえないかというような依頼があったようですね。

（西田）最初に私のところにその依頼が来たんですけれども、産研の方にご相談をしましたところ、これは産研というよりは御茶の水書房に版権がありますので、そちらの方でOKというようなことであれば問題はないのではないか、ということで御茶の水書房さんの方に伝えました。御茶の水書房さんの方も別に異存はないので、ご自由にお進めくださいということでしたのですが。その後中国の担当窓口の人から連絡がなくなったので、どういうことになったのか……。まあこちらとして別に印税を要求するつもりはないんですけれど、もし出たのならば本くらいは贈ってもらっても……（笑）

（渋谷）こちらとしても非常に名誉なことですので、出版されたかということだけでも確認したいとは思っております。

それから、今回のこの共同研究ですけれども、鈴木先生をリーダーとして、西田先生、土井先生がサポートされているということで、執筆者の顔ぶれを見ますと学内各学部の先生がたが集っています。

（西田）非常に幅広く参加していただいて、これもよかったと思います。

（渋谷）総合政策学部の中野幸紀教授とか経済学部の井口泰教授とか、元は中央官庁で仕事をしておられた方を関学へ教員として迎えた訳ですけれども、その先生方二人に執筆していただいているというところなども、なかなかおもしろいのではないかなあと思います。内容の特徴とか、先生の方からコメントされるようなことがありましたらお願いします。

(西田) このプロジェクトで大事な点は、特に骨組みをしっかりと立てているということですね。私は最初からここのところを狙ったんですけれども、サービス・エコノミーというものの分析の骨組みが非常にしっかりしていると思います。このあたりは鈴木多加史教授、商学部の福井幸男教授、この二人が大きく貢献しているというところだと思いますが、井口泰教授の「サービス貿易をめぐる新たな動向」も骨組みの一つの重要な柱となっています。分析の骨組みが非常にしっかりしているということと、加えて新しい、おもしろい領域が入ってきているということで、例えば産研の小西砂千夫教授の「NPOがもたらすサービス経済のパラダイムシフト」であるとか、土井教授の「専門情報サービス業の産業組織」であるとか、中野教授の「サイバースペースにおけるサービス化の展開について」とか、非常に新しい特徴的なところですね。こんなところがセールスポイントで、その二つがしっかり組み合わさっている本というのは実はそうざらにはないんですよ。そういう意味で内容が非常に構造的にしっかりとしていて、しかもおもしろい展開ができている、ということで結局は売れ行きが良かったということなんですね。

それから、もう一つの『ベンチャービジネスと起業家教育』は、私として非常に重点を置いておりました。私が所長として加わった二つ目のプロジェクトなんですけれども、これは、実は相当周到に準備をして進めたいと思ったので、しょっぱなではなく二番目にプロジェクトを組みました。新しい領域ですから十分な体制作りが必要だということで、腰だめで打たないようにしっかり構えを取るために、ベンチャーのプロジェクトはサービス経済の後にということで順番を組んだわけです。

その時にも、最初のプロジェクトを組むのに、ベンチャービジネスという領域でやりましょうということは、まず産研の評議会で承認をもらったんですけれども、具体的にどういうところに狙いをつけてどういう展開をするか、ということは評議会ではまだ決まっておりませんでしたので、そこのところを議論する第一回目の会議をやりました。その時に私が言いましたことは、このプロジェクトは三年後に本ができた時にヒットする問題に狙いを定めなければならない、ということです。本来はどのプロジェクトもそうなんですけれども、特にこのプロジェクトはそうしたいと。今流行っているテーマをやったらダメです。三年後に本になって出てきた時にピシャっと世の中の狙いに合うようなテーマに絞りましょう。それでテーマ探しをしましょう、ということを提案しました。そして皆さんといろいろ議論をしましたけれども、土井教授が非常にいいアイデアを出しまして、起業家教育というのがおもしろいであろう、ということでした。私もそれはいい、皆さんも賛成ということで、起業家教育ならこれから先二、三年後に必ず当たる、必ず注目されるテーマになる、ということで、『ベンチャービジネスと起業家教育』でいきましょう、と決まりました。ここは非常に大事なポイントでして、こういうプロジェクトをやる時にこういう時間軸を置いて狙いを定めるということが、学問ですからそればかりではダメなんですけれども、そういう目線もないと共同研究プロジェクトで学界や世の中から注目されるものはなかなか出しにくいということなんですね。まあそういう意味でこれも当たったと思います。おかげさまで、財団法人商工総合研究所の中小企業研究奨励賞をいただくことができましたし、本の売れ行きも、前の『サービス・エコノミーの展開』に迫るくらいの売れ行きだったと思います。

（渋谷）『ベンチャービジネスと起業家教育』について、共同研究の時の特徴とか、そういったところについてお話いただけたらと思います。

（西田）これは三部構成になっているところがまさに、そのまま特徴になっております。第I部でいわゆる一般論をやって、第II部で非常におもしろい特徴的なところということで社会教育を扱っていますね。ここのところには、特に実業界で実際にベンチャー事業に携わっている人、またはそのコンサルティングをしている人。産業研究所の石原俊彦教授などもある意味ではコンサルタント的な役割もされているので、そういう実務に携わっている人たちでここの第Ⅱ部が構成されているというところが非常に特徴的なところですよね。そして第Ⅲ部では大学を中心に、それ以前の小学校から始まるビジネス教育も含まれていますけれども、そうした学校及び大学での日本の教育での新しい動き、という風な形でまとめられていますので、非常にバランスよくできあがっているということが言えると思います。

（渋谷）前回の『サービス・エコノミーの展開』の時と大きく違うのは、一つは先ほど先生がおっしゃいましたように学外の若手の元気なベンチャー起業家、中川照行さんと小林一さんをお迎えしていたということ。それからもう一つ大きなことは海外からの執筆者を迎えられたということで、ドイツのパーダボーン大学教授のカールハインツ・シュミットさん。これは共同研究事業として、あるいは産研叢書の歴史の中でも特筆すべきことではないかと思いますね。

（西田）そうですね。新しい試みになったと思います。それをよく認めていただいたと思いますね。そんなのはダメだと強く言う方がおられたら、おそらく実現しなかったんでしょうけれど、皆さんにサポートしていただいて新しい形ができたと思います。その後産業研究所でも、そうした外国の方を迎え入れる一つのきっかけにもなったのかなという感じもします。

（渋谷）最近は、EUの研究で外国の方の執筆が随分増えてきましたけれども、先駆となったのはこのカールハインツ・シュミットさんからではないかなあと思います。おそらくこのカールハインツ・シュミットさんの執筆があったこと、それから中川さん、小林さんのような学外から第一線でベンチャービジネスをやっておられる現場の方の執筆を取り入れたこと、そういうことが出版の段階で中小企業奨励賞という栄誉をいただく大きな要因になったのではないかという風に私は受け止めています。

(西田) そうですね。シュミットさんはずっとこちらにいた訳ではなかったので、研究会は一度参加していただいただけですけれども、特にプロジェクトの研究の集まりをしている時にも、中川さん、小林さん、定藤さん（この時はまだ関学の方ではなかったんですけれども）、こうした外部メンバー、しかも実際直接ベンチャー事業をしている人、もしくはそのサポート、あるいは社会教育ということで実務的に携わっている人達と研究会を一緒にやるということで、非常に楽しい研究会になったということも言えますね。非常に活気のある研究会ができました。

(渋谷) それから、研究会の過程で法政大学の清成忠男先生をお迎えして講演会をされたのではなかったかと思います。

(西田) これはとても大事なことで、ぜひお話しようと思っておりました。一九九八年の産研秋季講演会では佐々木雅幸氏（金沢大学教授、当時）や原武史氏（山梨学院大学助教授、当時）など三人の方々を外部からお招きして、「阪神文化が生み出す新産業」というテーマでシンポジウムをおこないました。産研からは小西砂千夫教授が加わり、私は司会をつとめました。

次に、一九九九年の秋季講演会では、学外から三人の方々をお招きして三回シリーズで講演をしていただきました。講演会の共通テーマは「日本経済を再生するベンチャー企業の活力」というものでした。講師の一人は法政大学総長をなさった清成忠男先生で、日本ベンチャー学会の創設者、会長でもあります。場所は中央講堂だったと思います。その後、学院本部にご案内して当時の武田建理事長とも会っていただきました。まあそんな思い出がありますね。それから、京都の堀場製作所の堀場雅夫会長ですが、産研の石原教授の方で面識があるということで窓口になってもらって、来ていただきました。

(渋谷) かなり個性の強い方という風にお聞きしています。

(西田) これはもう皆さんご存知のように強烈な個性の方で、風采からして普通のビジネスマンとは違う格好をしておられました。これも中央講堂で盛大に講演会をしていただきました。その後、関学会館で一緒にお食事会をもちました。これも私の思い出の深いところですね。もう一人はオプテックス株式会社というベンチャー企業の小林徹社長でした。

(渋谷) 産研叢書が出ました後に、それぞれ『サービス・エコノミーの展開』については近畿大学の箱田昌平先生に、『ベンチャービジネスと起業家教育』については慶応義塾大学の高橋美樹先生に書評を書いていただいてますけれども、学界の評価とか、書評を見られて特に感じられることがありましたらお願いします。

(西田) 特にはありませんが、きちんと評価はしていただいていると思います。書評はしていただくほうで、こちらからその書評を評価するというのはちょっとおかしいですけれども(笑)、きちんと評価していただいていると思います。

(渋谷) 二つのプロジェクト『サービス・エコノミーの展開』と『ベンチャービジネスと起業家教育』についてお話いただいた訳ですけれども、産業研究所は三年間の共同研究ということで引き続き運営しております。今までは経済学部、商学部の先生方が中心となって、ということでしたが、最近の傾向は両学部から広げようということで、学内の教員にしても各学部からも参加していただいて、という動きが強くなってきております。産業研究所の制度そのものも改正されて、評議員会が運営委員会に変わって。経済学部、商学部の先生が核になっておられることには違いないんですけれども、それ以外の社会科学系の学部からも運営委員をお招きするというような形になってきました。あるいは最近の共同研究の傾向として、学外の研究員を積極的に迎えるということ、特に海外からの研究員にも執筆のために参加していただく、というようなことが出てきておりますけれども、これからの産業研究所の共同研究のあり方について、先生が思われていること、あるいは提言されたいことがございましたら、ご意見をご紹介いただければと思います。

（西田） そうですね。この産業研究所のこれからのあり方というテーマは、定年退職で大学を去る人間にはあまりふさわしくないテーマではありますけれども（笑）。それだけにある意味気楽なことも言えるかも知れませんが、まあ、バカなことを言っているという風に受け流していただいたらいいとは思います。産業研究所という非常に特殊な限定をしてきた研究所が、非常に幅広くなって、ある意味では特色を薄めてしまっていることは、私から言わせていただければ残念なことだと思います。産業研究所はこの名前の下で五十年の歴史を重ねてきたわけでして、こういうものは一旦崩してしまうと元に戻すことは非常に難しいものですので、やはりその伝統を活かして一層発展させるという形で今後も進んでいただければいいかなとは思っております。でもいろいろ事情がありますから、難しいことだとは思いますが。

それと、私は自分が所長をしていて、一つ、残念で、今実現しておけばよかったのにと思うことは、産業研究所の中にベンチャー・イノベーション研究のセンター的役割を担う機構を作って看板を掛けるということ。これをやりたかったんですけれども、一部に強い反対の動きがあったことや、私自身がちょうど自分の著書執筆の仕事を抱えていたためなかなか全力を上げられなかったこともあって、結局うまく進まなかったんです。そういうものができていれば産業研究所のこれからの大きな柱が多分できていたんだと思います。これは先ほど言いましたけれども、当時から言えば五年先の産研のいわば柱ができたはずなんですけれどもね。これは大変惜しいことをしたなと思いますが、今からでもこういうセンター機能を作っていくことはできなくはないと思います。はっきり言って関学の中でその役割を担える部署は産研しかないと思いますので、ぜひ考えていただいたらいいかなと思います。

（渋谷）先生の時に立ち上げられた、この『ベンチャービジネスと起業家教育』ですけれども、研究成果として一冊の本が出て、その後コミュニティ・ビジネスの共同研究が始まりました。福井先生が中心になって定藤先生がサポートされたのですけれども。

（西田）これも成功しましたね。

（渋谷）中小企業奨励賞をいただいております。

（西田）時代の流れを非常に先取りして良くとらえていたと思います。

（渋谷）それからもう一つ、イノベーションの方ですけれども、これは実は三年前から土井先生が中心になって、特に学外の方たち、東大の小川紘一先生などにも随分協力していただいて、イノベーションの研究をこの三年間やってこられて。これも学外で講演会、シンポジウムをやったり、非常に活発になったかなと思っております。その時のコミュニティ・ビジネスにせよ、イノベーションにせよ、原点と言えば先生の『ベンチャービジネスと起業家教育』から始まっていったのではないかという風に思います。

（西田）それと、これは少し外れるかも知れませんが、産業研究所にサポートをしていただいて、学内の任意団体として、「関学ベンチャー・イノベーション・フォーラム」という組織を作り、活動を始めました。私とか土井教授、石原教授とか、そのあたりで一時期かなり一生懸命にやりました。関学会館の光の間でフォーラムの大集会をやって、外部からいろんなおもしろい方に来ていただきました。サイバード・ホールディングスの堀主知ロバートさんなどにも来ていただいて、シンポジウムをやったりしました。これは産業研究所に相当サポートしていただきましたね。ただ、これもあまり長く続かなかったのは心残りで残念なことですけれども、一つ種まきはしたと思います。その後大学でも少しずつ、特にベンチャービジネスについての教育とか、あるいは大学発ベンチャーの育成とか、そういったことの意識はこの関学でもだいぶ根付いてきましたので、その種まきに少しは役に立ったかと思います。

（渋谷）産業研究所の方でも関西ニュービジネス協議会という経済団体と交流を持っていて、関西ニュービジネス協議会の方から、例えば講演会に講師を派遣していただくとか、あるいは向こうの行っているベンチャービジネスの啓蒙コンテストに関学の学生を募集するとか、そういうことをやっております。

②今井譲先生（元所長・商学部教授）

聞き手：福井幸男教授・渋谷武弘

（今井）私がここの所長になったのは二〇〇〇年、二〇〇一年の二年間で、すぐに共同研究で何をやるかを決めないといけなかったんですが、西田先生がアントレプレナーシップをやっておられたので、地域研究という順番だったと思うんですね。地域研究で初めは「宝塚」をやろうかということも考えたんですが、ちょっとメンバーが揃いにくいということもあって、アジアの通貨危機が大きな問題になっておりましたし、私は、関西学院大学はアジアに眼を向けないといけない、アジアに関心を持つ学者をある程度育てていかなければならない、と思っておりました。そういう機会を作れたら非常にいいので、そういうことに関心を持つ学者が多いところにはアジアからも寄ってきてくれるし、海外に行っても「日本から来ました」と言ったら「東京ですか？」ってすぐ言われるんですね。ということは、やっぱり欧米へ行ったらどうしても東京の方へ繋がってしまって、関西というのはアジアと繋がらなければならないと思うんです。もともと関学はアメリカ研究所を持っていたし、どちらかと言えば、カナダ、アメリカを向いた方だけれども、時代の流れから言うと、アジアはそれだけ成長してきたということだと思うし、仲間としてこれから我々と一緒にやっていかなければならないだろうと思います。アジアはもともと杉谷滋先生（当時経済学部教授・故人）が割合よく扱っておられて、共同研究を何回かやっておられるんですね。ただ、今回は金融を中心にやりましょうということになって、アジアの金融問題を中心に、主に経済と商が中心になりました。本当はもっと広げた方がいいんだろうと思ったんですが、あまり金融をやっておられる先生がおられなくて、総合政策学部から一人、久保田哲夫先生に入っていただきました。あとは経済と商という形になります。皆さんそれぞれ、もともとアジア研究をやっておられる方ではないので、無理やりやってもらわなければならないという状況の中で、私も「こうやってください」と言うのは言いにくいということもありましたけれども、まあ皆さんに引き受けてもらって、研究の後で先生方がアジアに目を向けてアジアの研究をやってくだされば、産研としてもそれなりの貢献があるだろうと思いました。実際これをやってから私自身もアジアに非常に関心を持つようになりましたし、皆さんもそうだろうと思います。そういった意味で、産業研究所というのは大学の中で研究の基盤を作る役割を果たせていければいいのではないかと思います。今まで産研というのは、もともとアメリカに目が向いていましたが、これからはヨーロッパから福祉国家を中心として、学ばないといけないことがたくさんあると思います。また、アジアも仲間として一緒にがんばっていかなければならない、という意味では、これからアジアとかヨーロッパとかを非常に大事にしていきたいと思います。

（福井） ありがとうございました。狙いのところも述べていただいたので、どのような内容になったか、という出版の話になりますけれども、内容的には総合政策学部の久保田先生以外はほとんど経済学部と商学部の先生で書かれていますね。主たるテーマは金融改革の話ですね。

（渋谷）一九九七年にアジアの金融危機があったんですね。それが一つの研究を始めようとした発端になったわけですね。

（福井）そうですね。金融危機というのがどのタイトルにも出てますね。

（今井）一九九七年にアジア金融危機がありましたけれども、もともと一九八〇年代くらいから世界が自由化して、グローバリゼーションが進んできておりまして、競争化を目指して自由化していけばいくほど逆に世界が不安定になってきている面もかなり増えてきており、一九九〇年代初めに北欧が金融危機を起こして経済危機に繋がっています。あと、九四年にメキシコ危機があって、九七、九八年にアジア危機があって、ロシア、メキシコ、アルゼンチンと危機がずっと繋がっていくんですね。効率性を高めるために自由化していくことはいいことなんだけれども、自由化というのは必ずバブルが起きて崩れるという過程がみられておりまして、こうした不安定さを増し、二〇〇〇年になってからはＩＴバブルと崩壊がありましたが、比較的落ち着いていたのですけれども、今度は二〇〇七年からサブプライムローンという問題が起きて本家のアメリカがひっくり返りまして、世界中がひっくり返りました。そういう予兆はずっとあったのですね。世界のシステムというのは何でも自由化がいい、というよりも、こういうことを踏まえながら自由化を進めていかなければならないと思うんですね。だから、こういったこともきっちりと押さえておかないといけない問題で、今度アメリカがドカンとやった後でオバマ大統領が出てきて世界の流れが変わってくると思います。だからそういった意味では、みんなが、自由化の過程でどんな問題があって、格差問題や不安定さをどう防いだらいいのかということについては考えていかなければならないと思います。

内容について、アジアの問題、アジアの中で起きた問題ではあったのですけれども、グローバリゼーションの中で起きた問題で、世界の歴史の流れの中でこれを見てやるということは当然必要なんだろうと思います。

福井・今井

まず、アジアで何が起きましたか?ということですが、一九九七年にタイが一番始めにやられました。結局、これは通貨危機から起きています。つまり、自由化というのはお金が収益の高い国に入ってきて、ちょっと危ないと出て行く。アジアというのは、それ迄の一〇年間、好景気で奇跡の経済成長を果たすわけですね。ところが、ちょっと危ないと思ったら、ファンドマネーは引き上げてしまう。それが通貨危機になるわけです。通貨危機の問題で一番大事なのは、一つは自由化の順序付けをちゃんとしておかないと、何でも自由にしたらいいものでもないので、ある程度順序を踏んでやらないと、あまり準備が整ってないところで急な自由化をすると必ず混乱が起きる、ということなんです。そういうことで、アジアはちょっと自由化のスピードが早すぎたということもあったかも知れないです。

通貨の問題は結局、外国為替問題に繋がってくるんですね。外国為替が非常に不安定になる。例えばヨーロッパを見ても、かつてイタリアのリラ危機とか、イギリスのポンド危機とか、しょっちゅう通貨危機が起きるんですね。つまり、だんだんファンドのお金が大きくなってくると、小さな国が簡単に潰されるようになってきてるんですよ。ヨーロッパは自分たちで小さな国を守ることがヨーロッパの安定に繋がってくるわけで、そこでユーロという通貨を作って、ヨーロッパの経済を守るということをやったわけです。それがまさにユーロ圏という経済圏を作っていったといえます。片方ではドル圏という通貨圏ができている。結局、アジア通貨危機で見られるのは、アジアだけがそれができていない。タイとか小さな国はヘッジファンドに狙われるとすぐ潰されていく。ということから、これをきっかけにアジアに共通通貨を作りたい、アジア通貨圏というものを作りたい、という構想が当然できてきますよね。それがずっと今まで話が繋がっていまして、本来ならば日本がそこで重要な役割を果たさなければならいんですけれども、残念ながら日本はアジアの中で歴史的な問題を抱えておりますから、何かをやると反感を呼びますので、なかなか動きにくいという面でアジアはうまくまとまれていないというのがいまだに続いておりますね。まず、こういった自由化の問題から通貨圏をどうするかというのが、アジアでは非常に大事な問題になってきます。

そういった通貨とかそういう問題はおいておきまして、「アジアがアタックされました。その結果、結局どうなりましたか？」ということと、「その対処は正しかったですか？」という問題が起きてきますよね。結局、通貨危機が金融危機になって、経済危機になって、アジアは約二年間程えらい目に遭うんです。

それに対してＩＭＦが入ってくるわけですね。ＩＭＦというのはアメリカの財務省と繋がっていて、ワシントン・コンセンサスという言い方をされますけど、ワシントンの意向で動いている。その根底は新古典経済学に基づいてやっていると。あの時に自由化したアジアがお金をＩＭＦから借りるためには結局、こういう改革をしなさいというコンディショナリティという条件付でお金を借りるわけですね。条件付が全部新古典派的な発想でやられました。新古典派的な発想というのは、経済の供給面を重視するのですね。いわゆる経済構造改革ということになり、それは結局、供給側の問題なんですね。通貨危機で短期的な問題としては需要を補ってやらなければならないという考え方と、一方で構造改革をやって供給側はちゃんとしないといけないという問題もあるんだけれども、ＩＭＦからやられたことは、全部供給側の問題をやられて、構造改革を強いられたということです。それが結局、余計に経済を悪くしていきました。それは今を見てもらったらよくわかるように、アジアの対処方法としてやらされたのは均衡財政の堅持で、財政政策は行われなかったんです。財政政策による需要創出は必要ない、また高金利で外国から外資を呼び寄せなさい、と。金利を上げて均衡財政を行ったわけですね。ところがアメリカが今度金融危機に遭って、やっているのは何かといったら、ものすごい財政赤字による需要の補充を行い、ゼロ金利政策に近い金融の緩和を行っている。

アジアは正反対のことをやらされて、その結果アジアは無茶苦茶なことになってしまった、という経緯があるということは考えないといけない。

ただ、やっぱりアジア自体にも問題があるのは確かで、それは正さなければなりません。やはりアジアの問題は当然直しながら、でもアジアのいいところまで潰される必要はないわけで、アジアの悪い所は小西先生がやっておられる腐敗の問題とか、クローニー・キャピタリズムという身内主義という言い方で、あまり合理的ではない面があるのは確かで、直していかなければなりません。それは悲しいかな、アジアに皆ある傾向です。でも、それはアジアというのはやさしい国で、人間関係を大事にするというのがアジアの風土としてあったわけですね。それがアメリカから見ると非常に変な経済だというような捉え方をされて、それを直さないといけない、ということでやられて、結果としてインドネシアなどは政権自体が崩れてしまって大変でした。韓国もあの時はかなり無茶苦茶にやられましたね。結局、アジアは体質自体を直さざるを得なくなって、それはつまり、悪いところもあるけれども、日本の雇用形態が全てダメなのかという話で、その辺はもう少し考えなければわからないので、ある程度組織がうまく機能するということと個人の競争を促進するということは相矛盾します。やっぱり、組織がある程度うまく機能するにはどうしたらいいかという配慮をするのはアジア的な部分であって、ずっと見ていまして、アジア諸国の経済成長の過程は、ある意味でみんな日本の経済成長を真似してきているんです。だから、日本はもっとしっかりしないといけない。やはり、アジア的な経済力のつけ方というものを日本がもう一度作り出して、それにアジアが一緒になって動いていくということをしないといけない。アングロサクソン系の言うことばかりを導入するのは決していいことではない。あまりこういう言い方をすると批判しているようで良くないかな（笑）。まあそういう意味でアジア的な風土も大事にしてほしいということです。

そして、この本の構成としては、全体はグローバリゼーションとアジア通貨危機を扱っており、ポイントとしてIMFのやり方が良かったのかということを久保田哲夫先生にやっていただいていますし、平山健二郎先生には、グローバリゼーションの中で、アジアの金融の繋がりが非常に強まってきていることを実証的に研究していただいた。つまり、この頃はニューヨークの株価が世界中にすぐに波及していくというような形になっているという意味で、世界は非常に繋がっています。小西砂千夫先生がアジアの腐敗をやってくださいまして、あとは個別に見ていきましょうかということで、久保田先生に政治体制まで崩れたインドネシアを見てもらって、寺地孝之先生（商学部教授）に香港を扱っていただき、あと、ちょうど洪澄洋（ホング・ジョン、当時商学部教授）さんが台湾から来られた先生ですので、台湾のことを見てもらいまして、浦珏（プー・ジェー、当時大学院商学研究科博士課程後期課程）さんが中国から来ていただいていましたので、中国のことを見てもらいました。ちょうどそれぞれ各論になっています。以上です。

（福井）私も一九九八年に観光で韓国のソウルに行ったときに、当時の韓国はIMFの監督下にあり、店の看板に、“I Am Free”とあって、それで“IMF”だとあったのが印象に残っていますけれども、その頃はウォンも安かったですね。今はまた安くなっていますけれども。

（今井）私もニュージーランドに行った時に、韓国の人が多かったですね。アメリカもコリアンタウンがものすごく増えてますよね。あの時にIMFの指導下、猛烈な景気後退のもとに韓国から海外に出て行ってるんです。つまり、よっぽど不況が強かったんですね。国内から出て行ってしまって、今世界中に韓国人街ができています。そういう意味では非常にきつい不況だったんですね。

（福井）まあ、韓国人も中国人もどこの国に行っても街を作りますけれども、日本人はあまり群れないというか、また日本に帰ったらいいかという意識が強いので、コリアンタウンというのはありますけれども、日本人街っていうのはあまりありませんよね。基本は駐在員ですからね。

(今井)　日本人はみんな早く帰りたがるから。早く帰ってお茶漬け食べたいというような国民だから(笑)。この共同研究で銀行の人にゲストスピーカーとして来てもらって世界戦略について話をしてもらった時に、今は方向を欧米からアジアに向けているんだということで、支店をどんどんアジアに移している、というような話がありました。そんなに極端に欧米から撤退していくことはどうかな?という言い方をしたのを覚えているんですが、去年シカゴへ行った時に見たら、シカゴにあった二〇の邦銀が二つしか残っていない。一八が撤退してしまっているんです。結局シカゴは商品取引所もあるし、アメリカの中心なので、アメリカは国土が広いから本社二つになってきているんです。ボーイングもシアトルから移ったし、そういった意味では非常に大事な場所になっているのに、あんなに無くしてしまって、あそこの折角築いたネットワークを無くしてしまったのはものすごい損失だと思うんですけどね。儲かる方にばっかり行くのではなく、もう少し長期的な戦略が必要なんだけれども、目の前に儲けることを考えるので、アジアがいいとなるとみんなアジアに移っていく。関学も産研も、そういった意味で長期的な戦略を持ってもらわないと(笑)。目の前のことばかり動かないで……。

(渋谷)　耳が痛いです(笑)。

(福井)　それから、学界での評価ということで、高阪章先生(大阪大学教授)はどんなことを書いていましたでしょうか?

(今井)　配慮して書いてくれてましたね。

(福井)　経済学部、商学部、総合政策学部の先生を集めて研究をされたわけですけれども、具体的にはどのようにされましたか？

（今井）何回か集まりまして、ゲストスピーカーに来てもらって、一緒に研究会をやったり、個々人が中間報告という形で発表をしました。こうやってみんなが集まって話の場を持てるということは、そういう機会がなかなかないので非常によかったですね。産業研究所というのはそういう意味ではみんなをくっつけていくということと、先ほど言った関学の方向付けの基盤になっていかなければならないという面では、非常に先見の明を持っておかないといけないですね。ここが研究方向を動かしていくという気持ちを持ってほしいです。アントレプレナーシップでがんばっておられるけれども、結構産研ががんばっていろんな影響を与えていると思いますし、研究の方向付けみたいなものはかなりここが中心になってほしいです。研究というものは長期的なもので、ここで基盤を作って、そこから芽を伸ばしてよくなっていくような基盤作りをきちんとできたら貢献度が大きいし、大学がそれをもっと大事にしなければならないと思いますね。

（福井）産研も従来、雑誌とか図書を集めることを中心にしていましたけれど、それも大事ですね。

（今井）それも大事です。本を集めるというのはみなさんの研究の基盤を作っているわけですし、本を集めてみなさんが研究をしやすくするということと、一方で研究の方向付けをよく見ながら、その辺の先生方の方向付けにお役に立つ。要するに研究の基礎部分ですね。その役割を地道に大事にしなければならないのに、うちはあまり大事にしてくれていない。その辺は不満です。だから所長さんがんばってください（笑）。

③土井教之先生（元所長・経済学部教授）

聞き手：福井幸男教授・渋谷武弘

（土井）産研叢書26編『ベンチャービジネスと起業家教育』については、西田先生がテーマ選定の経緯、受賞などについてお話されているので、追加することはないと思います。敢えて言うならば、既存の研究がベンチャービジネスの総論的な展開となっていいたために、同じことをやっても二番煎じだから、イギリスやアメリカをはじめ外国のベンチャービジネス教育に絡めた方がユニークで望ましいのでは、と私が提案しました。

（渋谷）起業家教育ということを土井先生の方から出された、というようなことを西田先生も言っておられました。それはなかなかユニークなところではないかと。

（土井）私が授賞式に行きましたが、商工総合研究所の理事長は、視点がユニークだと言って大変褒めてくれました。

（渋谷）では、33編『ビジネス・イノベーション・システム―能力、組織、競争―』の方でお話を進めたいと思います。まず、なぜこのテーマを選んだのか？　狙いはどこにあったか？　どのような特徴が出せたか？　それが学界からどのように評価されたのか？　ただ、出版物は編集中ですので、学界からどのように評価されたかというのはまだ今の段階では出せないわけですけれども。

（土井）まず、このテーマをなぜ選んだかということですが、それは、今イノベーションが重要な課題になっていることと、ナショナル・イノベーション・システムという言葉があって、マクロレベルの制度面が注目を受けている

福井・土井

が、ナショナル・イノベーション・システムの基礎的、ミクロ的側面を解明することも重要である、ということで取り上げました。その際、その側面、すなわち、企業のイノベーション・システムを「ビジネス・イノベーション・システム」と表現しました。これは各国で異なることと、組織が重要な要因であることを強調しようとしました。組織は単に企業の内部組織だけでなく、企業間組織、あるいは企業と大学・政府との連携も含んでいます。そして企業の能力、組織、競争をトータルに反映したものとして「ビジネス・イノベーション・システム」を捉えています。

それから、取り上げた背景としてもう一つは、今、経済学で私が専門としている産業組織論において、企業の組織内部の問題が非常に重視され、組織の経済学が大きな分野となっています。それは、従来経営学で取り上げられていた経営戦略、ビジネス・プロセス、経営資源、組織構造を経済学的に分析するものであり、今、経営学の組織論と経済学の産業組織論、あるいはミクロ経済学が融合している。そういう意味ではこの研究テーマは両方を取り込める分野である。さらに、イノベーションはもっと学際的で、例えば社会学でも研究されている。最近のイノベーションの研究の特徴は、一言で言えば「イノベーションとインスティテューション」である。「インスティテューション」は組織と制度を両方に含み、多くの研究分野から接近可能です。これらの意味で、イノベーションは共同研究に相応しい課題です。

こうした視点から、多くの方に参加していただきました。社会学の野瀬正治先生（社会学部教授）、ヒューマン・リソース・マネジメントの安田聡子先生（商学部准教授）、経営組織論の古川靖洋先生、経営戦略論の小川紘一先生（東京大学特任教授）、イノベーションの経済学とマネジメントの両方を対象とされている玉田俊平太先生（経営戦略研究科教授)、中小企業論の安田武彦先生(東洋大学教授)です。さらに、「国際的パースペクティブから見たイノベーション」のテーマとして、自動車産業研究のホルガー・ブングシェ先生、韓国の有名な産業組織論研究者の趙炳澤先生、米国のイノベーションに詳しい宮田由紀夫先生(国際学部教授)にお願いしました。まさに、社会学、経営学、経営戦略論、組織論、経済学など多くの社会科学分野を取り込んだ学際的研究です。

(福井) 国際的な観点もありますね。

(土井) 皆さん活躍されている方ばかりで、興味深い内容となっていると思います。例えば、野瀬先生の論文は社会学の視点からで非常におもしろいですね。経済学や組織論の切り口でこういうテーマを研究することが、これから求められるのではないかと思います。非常に多彩ですね。

(渋谷) 野瀬先生は今、イギリスの方に行っておられるようで、向こうから論文を送っていただいたんです。

次は共同研究として行ってきたことの意義についてということなんですが、共同研究については年次報告から抜粋したものを資料として付けておりますが、先生の場合、この三年間で一一回、共同研究を開催されています。呼ばれた方は多士済々で、同志社大学の山口栄一先生、経済産業省の和泉章さん、四回目は趙炳澤先生、それから小川紘一先生、六回目はキヤノンの村井啓一さん、七回目は日本製薬業協会の長井省三さん、八回目は宮田由紀夫先生、九回目は吉林大学の紀玉山先生、一〇回目は趙炳澤先生。趙先生は二回もやっていますね。

(土井) 趙先生は経済学部の客員教授として滞在されましたので、二回も報告してもらっていますね。

(渋谷) 経済学部に来ていただいている時だから、何かお話していただこうということになったんです。最後は一一回目にEUの方からお招きしたお二人に来ていただいて研究会をやりました。

(土井) そうでしたね。このプロジェクトは国際的でした。研究も教育も国際性が不可欠ですね。

（渋谷）いろんな方に来ていただいております。こういった研究活動を振り返って、ということですけれども、今紹介したので話はほとんど出てきたとは思いますが、何かコメントがありましたらお願いします。

（土井）本プロジェクトのメンバーがいろいろバラエティに富んでいるのと同様に、研究会にお呼びした報告者もバラエティに富んでいますね。本当は月一回のペースで開催したかったのですが、去年は残念ながらできなくて。いろいろな人に声を掛けたら、みんな「いつ呼んでくれるの？」って言われました（笑）。その意味で、今後も共同研究を続けたいと思いますし、大学も支援をお願いしたい。

（渋谷）それと、この研究会の番外編というか、二つほど大阪でやりましたね。一つは大阪商工会議所の地下大会議室で。

（土井）「イノベーションと企業変革―大企業と中小企業の連携―」の関西イノベーション・フォーラムですね。次回を早く開いてほしいと言われています。

（渋谷）それから去年の七月、ＥＵＩＪ関西の企画で、国際シンポジウム「ＥＵにおける標準化と知的財産」を開きました。

（土井）関学には、企業や産業を対象とするミクロ経済学や経営学の分野で活躍されている人が多い。こうした関学の人事戦略は高い評価を受けています。優れた知的資源を活用して、関学のプレゼンスを高めたいと思っています。また、私は、ミクロ経済学の分野で活躍されている新海哲哉先生（経済学部教授）と水野敬三先生（商学部教授）と一緒に「関西学院大学産業組織論ワークショップ（ＫＧＩＯ）」を組織し、学内外の研究者をお呼びして活発に研究会活動をしています。

（福井）ＩＯって何のことですか？

（土井）産業組織論（Industrial Organization）です。例えばイノベーションのようなテーマについて、学外の機関と連携して活動する組織を関学に作りたいと思っています。産研の中にイノベーション研究センターのような部屋ないしサブ組織がほしいですね。すると産研の人に事務局としてアレンジメントをやってもらえるのでは、と思っています。今、玉田先生、宮田先生、安田先生をはじめ、著名なイノベーション・技術研究者が関西で一番揃っていますので。

（渋谷）この前、理事長とお話する機会がありましてね、二年前、イノベーションに関して大阪でシンポジウムをやりました、ということを言ったら割と関心を持って聞かれました。企業人を招いて講演会とかシンポジウムをやっておりますす、と言いましたが……。

（土井）こういう組織では、他の学部あるいは研究科の教員が兼任教授という資格で参加すればよいと思います。

（福井）産研叢書のリストに土井先生のお名前が載っているのは一つだけですけれども、一〇年ほどいろんなところで産研の研究活動をリードしてくださって、本当に感謝しています。

（土井）いや、私は何もやってないですよ。

（渋谷）『地場産業の研究：播州織の歴史と現状』（産研叢書10編）にも参加していただいて、あれも賞をもらいましたからね。

それで、最後のところですけれども、今後の展開について。もうすでに先生からお話をしていただいておりますが、産研の共同研究への期待、このような形態での共同研究は今後どのように展開していけばいいのか、産研そのものへの期待や目指す将来像など、ちょっと堅い表現ですけれども、これからの産研の共同研究の活動に対して期待とか希望とか、思っておられることがありましたらご紹介していただければと思います。

(土井) 外へ情報発信することが重要です。近く纏まる韓国産業研究院（ＫＩＥＴ）との研究協定も期待されますね。共同研究報告会、シンポジウム共催などが考えられています。学問分野がますます分散化する一方、研究のネットワーク化が求められるに伴って、ハブとして産研の必要性が高まっている。

(渋谷) ずっと流れを見ますと、昔は共同研究にしても経済学部、商学部の教員で活動をやっていたものが、だんだん他の学部からも共同研究員を招いて、範囲を広くしていった。更に学外からの執筆者も加わっていった。最近では海外からの執筆者も入ってこられているということで、範囲としては広がりをもたしていっているという傾向が見られますね。

(土井) 「播州織の研究」をひとつ評価するならば、文学部の三浦俊明先生とか経済学部や商学部以外の先生が参加されたということです。メンバーがだんだん広がり、学外や国外の方にも参加していただくようになりました。外との繋がりを大事にしなければと思いますね。

(福井) 私は土井先生の『ベンチャービジネスと起業家教育』で土井先生からいろんな話を聞き、イギリスでは小学校からいろいろやっているということを知って、これで啓蒙を受けて西宮市教育委員会へ行きました。最初、土井先生と二人で近くの甲陵中学校へ行きましたよね。最初はちょっと警戒されたりしましたけど（笑)。その後、今津中学校や西宮浜中学校に実際にビジネスの話をしに行きました。関学の中で土井先生とか私とかがこういった活動をやったので、今は社会連携センターという産学連携の部屋もできているし、あれも最初はこの辺から始まったんですよ。定藤繁樹先生が関学に入ったのもこの関係だし、社会連携センターができて、今の産学連携の一つの事務の拠点になっていて、売りのひとつだし、元を質せばこれだと私は思っているんですね。

(渋谷) 西田先生も、もう一つ前の鈴木多加史先生との共著もありますけれども、どちらかというとこの研究が一番思い出深いと言っておられましたね。この後また『新時代のコミュニティ・ビジネス』が出てきましたしね。

（土井） 西田先生は、この本は二冊共よく売れたと言っていましたね。

（渋谷） 西田先生の狙いというのは、三年後に話題になるような分野を先取りして研究する、それが出版された三年後にはちょうど世間でも大きな話題になっている、そういうことを狙うということが大切であると思ったし、それはベンチャービジネスというのが適切であろうと思った、ということを言っておられました。

3

座談会「アジア研究とＥＵＩＪ関西」

司　会：海道ノブチカ（商学部教授）

出席者：土井教之（経済学部教授）、伊藤正一（国際学部教授、座談会時は経済学部教授）、福井幸男（商学部教授）、ホルガー・ブングシェ（国際学部准教授、座談会時は産業研究所准教授）、渋谷武弘（産業研究所事務長）

日　程：二〇〇八年九月一九日（金）

場　所：産業研究所会議室

（海道）　本日はお集まりいただき、ありがとうございます。七十五年史の座談会ということで、まず今回は、産研におけるアジア研究とＥＵインスティテュート関西（ＥＵＩＪ関西）を中心としたヨーロッパ研究が活発になってきた、そのあたりのことをそれぞれお話いただけたらと思います。

まず最初に、海道の方からＥＵＩＪ関西が始まった経緯をお話させていただきます。二〇〇四年六月に駐日欧州委員会代表部の方で日本で二つ目のＥＵインスティテュートの募集が始まりました。二〇〇四年四月から一橋大学を中心として関東でＥＵインスティテュート東京コンソーシアムが立ち上がっておりまして、東京以外にもうひとつ拠点を設けたいというEU代表部の意向で公募が始まりました。そして、東北大学を中心としたグループ、京都コンソーシアムを中心した京都大、同志社大、立命館大、それから、神戸大、関西学院大、大阪大を中心としたグループ、また、九州地区で九州大を中心としたグループのエントリーがありました。募集が六月に始まって締め切りが八月一三日という非常にタイトなスケジュールの中で準備をすることになりました。

現在の代表である神戸大学の久保広正先生より総合政策学部の中野幸紀先生のところに話があり、中野先生の方から、たまたま当時私が産研プロジェクトで「EU拡大と企業経営」のコーディネーターをしておりましたので、こういう企画があるんだと話があり、是非ご協力いただきたいということで話を持ってこられました。そこで、当時の平松一夫学長（商学部教授）及び、副学長・大学図書館長をされていた井上琢智先生（経済学部教授）を通して大学側に働きかけ、平松学長の全面的な協力のもと具体的な作業が始まりました。

阪大で第一回の打ち合わせ会があり、阪大にこのEUIJ関西のプロジェクトに参加してもらうことを説得し、関学は平松学長のお声掛けで全学体制でサポートするということで、当時の国際交流部、教務部、図書館、産研、それから各学部にも協力依頼を出し、一体となってエントリーの資料作りにかかりました。その後八月一三日の提出までに、学生のゼミの合宿のような形で阪大、関学、神戸大へ何回も集まって申請書の作成をおこない、多分一〇〇ページを超えたと思うのですが、かなり分厚い英文の申請書を作って申請に漕ぎつけました。その過程で各校の役割分担も決まり、関西学院大学はドキュメントセンターとして、文献収集を中心に行うという役割を担いました。これは井上先生の意向もあって、ただシンポジウムや単位互換で授業をやるだけではなく、三年半のプロジェクトの後に何か形が残った方がいいという考えです。このことは、EU代表部が持っている石炭鉄鋼共同体（一九五二年発足）からの公式ドキュメンテーションを、ＥＵ代表部からすべて関西学院大学に寄贈してもらうきっかけにもなりました。また後で説明していただきますが、ＥＵｉというＥＵ情報センターを誘致する契機にもなりました。

私立大学と高商系の国立大学と旧帝大系の国立大学という、三つの全くカラーの違う大学でコンソーシアムを組んで単位互換協定や図書館の相互利用協定を結び、様々な行事を一緒にやるということに関しては、最初はカルチャーが違うのにちょっととまどいながらも、三大学のメンバーが非常に皆さん協力的に運営してくださったのでうまく運びました。二〇〇四年の一二月にコンペで我々のコンソーシアムが選ばれ、二〇〇五年四月から三年半のプロジェクトが始まり、この九月で第一期目が終わって、現在第二期目を申請中であります。再び採択されることを願っています。

駐日欧州委員会代表部、あるいはブリュッセルのＥＵ本部が一番望んでいるのは、アメリカの資本主義に目が向いている日本の学生に、ヨーロッパにはアメリカとは違うヨーロッパモデルの資本主義社会があるんだよと、多様化している資本主義に目を向けるように、授業、シンポジウム、あるいは交流を行ってほしいという点です。そこで我々が一番力を入れてきたのは単位互換協定に基づく授業です。学部では三大学で約六〇科目、大学院も約五〇科目の授業科目を提供し、学部学生には六つのコースから少なくとも一科目以上を選んで一八単位以上取得すれば修了証書を出しました。また、卒業論文を英語あるいはヨーロッパ語で書いてそれをプレゼンテーションさせ、優秀者を表彰してきました。関西学院の学生もかなり優秀な成績でプレゼンテーションをして賞を得ています。これは学生に対してヨーロッパへ目を向ける動機付けとしては非常にメリットがあったと思います。

また、国際シンポジウムについては、この三年間で七回開催しました。ヨーロッパから著名なスピーカーを招いて、すべて英語と日本語の同時通訳を入れてのシンポジウムでしたので、議論がうまくかみ合い、成果が大きかったです。関西学院ではコーポレート・ガバナンスの問題について日本とヨーロッパの比較という形で行い、経営学と法学の立場から議論ができてよかったと思っています。また、かなりの数のワークショップを行いました。関西学院ではブングシェ先生が中心になって自動車産業に関してのワークショップを開催し、これもゲルト・シュミット先生（エアランゲン・ニュルンベルク大学教授）を始め、ドイツ、ヨーロッパからかなりのスピーカーを招いて、最先端の自動車産業についての議論が展開されました。ゲルト・シュミット先生には再度来日していただき、今年の春学期、大学院を中心に自動車産業について講義をしていただきました。また、短期間ですけれども、学部・大学院の学生に対して、ドイツからユルゲン・ケスラー先生やあるいはクラウス・ゼムリンガー先生を呼んで、授業と講演会を通して学生たちにヨーロッパをじかに知ってもらうことができました。

さらに、ＥＵＩＪ関西の活動として広報活動も関西学院大学が担当し、梅田キャンパスにインフォメーション・ポイントを設置して、誰でも市民の方がアクセスできるように準備をいたしました。また、ホームページに関しては日本語、英語だけでなく、ドイツ語、フランス語でも運営し、あらゆる人たちにＥＵＩＪ関西の活動を知ってもらうことができるようにしています。よくホームページや学内のチラシを見て、研究者だけでなく、最近は若い院生の方や学部生の方も研究会に参加していただいているので、非常によかったと思っています。とりあえずＥＵＩＪ関西の主な活動として、教育と研究者の相互交流、アウトリーチという三本柱について説明させていただきました。三年半やってきて大変ではあったのですが、着実に実績を積み重ねることができてよかったと思います。後でお話してもらうＥＵｉという情報センターを誘致できたことは非常に大きかったと思います。事務局として産業研究所の事務長さんをはじめ、スタッフの皆さんが全面的にバックアップしてくださったことに感謝しております。それから、ＥＵＩＪ関西の事業を推進するためにブングシェ先生に来ていただけたことも、関西学院大学にとって大きな成果であったと思っています。

（福井）私も初めて海道先生からいろんな経緯をお聞きして勉強になった訳ですけれども、関学と神大と阪大のグループがひとつ、その他に京大と立命館と同志社のグループがあったわけですが、我々の方が残ったというのは何か理由は聞かれているんですか？

（海道）ブリュッセルの方が最終的に判断する訳ですけれども、非常に緻密というか、申請書類が大変充実していたということが評価されていたようです。先ほど言い忘れたことですが、情報文献センター以外に関西の経済界とのパイプ役というのが関学に与えられた使命だったので、関経連、あるいは大阪商工会議所へ平松学長の協力依頼文を持っていったりしました。兵庫県にある神戸大学は大阪商工会議所に直接アクセスできないといった問題があり、元々産業研究所が産業界とのパイプが太いので、私学である関学が担当いたしました。アウトリーチ活動をEU代表部は非常に重視するので、そのあたりもうまくいった理由の一つではないかと思います。

また、当時のミヒャエル・ライテラー駐日公使が言われたことなのですが、日本では大学間の競争はあるけれども協力関係が非常に少なく、コンソーシアムを組んで活動することは困難だと思われたが、コンソーシアムとしてどういう活動をするかが、関学・神戸大・阪大のコンソーシアムには明確に出ていたので認められたそうです。前年度にスタートした東京コンソーシアムと比較した場合、コンソーシアムとしての一体となった活動が割合関西はうまくいったと思います。

（福井）そうすると、ＥＵＩＪは日本に三つできたということですか？

（海道）今現在は二つですが東京コンソーシアムがすでに終わってしまったので、九月末現在ではこのＥＵＩＪ関西だけです。第二期募集の公募が始まりまして、今回はそれぞれ一〇〇万ユーロずつですが、日本に三ヵ所設けるということです。期間は二〇〇九年四月から四年半です。現在、東京で数グループがエントリーしており、関西は同志社大学のグループとＥＵＩＪ関西が応募しており、また、九州では九大グループがエントリーしているようです。

（渋谷）慶応と一橋が組んでいるのと早稲田が単独で。まあ、すべて伝聞情報ですので確実とは言えませんが。

（海道）その中から今度は三つ選ばれます。

（福井）ということは、第一期は慶応と一橋が東京のグループで……。

（渋谷）いや、慶応は入ってなかった。多摩地区の一橋、ＩＣＵ、東京外大、それから女子大から津田塾。

（福井）それが一つのグループで、もう一つが我々のところですね。日本では二つだったということですね。

（海道）そうです。あと、アジア地区では韓国にひとつＥＵセンターがあります。あと台湾にも。アメリカはワシントン大学にあります。

（ブングシエ）はっきりとはわかりませんが、台湾には作る予定ということです。

（海道）そうそう、台湾は作る予定ですね。韓国にはあるけれども台湾はまだこれからです。ひとつのＥＵの戦略としては、まずＥＵ研究者を押さえて、それから、いわゆる学生に対してヨーロッパに目を向けてもらおうということです。

（福井）そのアウトリーチというのは、一般の人々にもＥＵの宣伝活動をして、理解を深めてもらうということですね。

（海道）この五月から六月にかけて、ＥＵフレンドシップウィークという形で関学でも資料展示や講演会をおこない、ドイツ週間、フランス週間とタイアップして広報活動をおこなっています。

（福井）最後に質問ですが、まず、神大と関学では協力しようということで固まったんですよね。

（海道）一番最初は神大と関学で話をしました。

（福井）それから阪大の方へ話しをもちかけられたわけですよね。

（海道）神戸大学は地理的なことを考えて関学、阪大で組みたいというプランを持っており、まず関学が了承したら阪大の国際公共政策研究科（ＯＳＩＰＰ）の方へ行きましょうということでした。関学で了承が取れた次の週に阪大で三大学が集まりました。ＯＳＩＰＰの高阪章さんは、関学高等部出身であったり、みなさん、人的な繋がりがあったので、それをうまく利用して立ち上げることができました。

（福井）海道先生も行かれたんですか？

（海道）はい、行きました。阪大の場合は特に理工系が強いので、本部の了解を取り付けるのが大変だったようです。一〇〇万ユーロのうち四分の三はＥＵが出すけれども、四分の一はコンソーシアムが負担しなければなりません。関学の場合は学長室が年間四〇〇万円ずつ四年間出しましょうということですぐに了解が取れたのですが、阪大とか神大の場合は部局と交渉しなければならないので調整に時間がかかったようです。六月から八月まで二ヵ月くらいしか申請の猶予がなかったので、そのあたりが一番大変だったと思います。

（ブングシェ）もうすでに海道先生から紹介されましたが、ＥＵＩＪ関西が二〇〇五年四月に設立されて一〇月から本格的に稼動し、欧州委員会から一〇〇万ユーロの資金援助をいただきました。ＥＵＩＪ関西には三つの柱があるのですが、すでに紹介されたとおり、一つ目はＥＵに関する教育、二つ目は学術交流、三つ目は普及活動、つまりアウトリーチの活動であります。特に関西の地元のビジネス界に向けてセミナー活動をすることを目指しています。そして、この三つの柱を見ると三つの目標が明らかになってくるのですが、教育と学術研究の拠点となることが一つ目の目標、情報発信拠点となることが二つ目の目標、そして、アウトリーチ活動が三つ目の目標であるということです。

先ほども言われましたように、教育の面で、三つの大学では学部レベルですでに六〇の科目の授業が行われています。大学院では約五〇科目のうち四八科目の授業が行われています。このＥＵＩＪ関西の三大学で勉強している学生さんがすべての科目を取ることができるのは、すごくいいところであると思います。関西学院大学の学生さんは大阪大学と神戸大学の授業も受けることができます。ＥＵＩＪ関西の事務室はもちろん神戸大学にありますが、関学ではＥＵＩＪ関西は産業研究所が担当されているということがＥＵＩＪ関西がスムーズに進み、成功した要因の一つであると私は思います。渋谷事務長と産業研究所の役割が神戸大学でも高く評価されているということも私は耳にしました。ここまでがＥＵＩＪ関西の一般的なことについての紹介です。

ブングシェ

次は、修了証プログラムについてお話したいと思います。このプログラムは二つあって、学部レベルのプログラムと大学院レベルのプログラムがありますが、一般的に修了証のプログラムを卒業するためには四つの条件があります。一つ目の条件は、学生さんは少なくとも二学期以上登録しなければならないこと、二つ目の条件は、少なくとも二つのＥＵ諸国の公用語を話さなければならないということです。既にある外国語をうまく話せる学生はＴＯＥＦＬなどのテストを受けてその実力を証明できますが、そうでない学生さんは四学期間の語学コースを取らないといけません。そして、学部レベルでは科目すべてが六つのグループに分かれており、少なくとも各グループから一科目を取らないといけないし、パスしなければいけないこと、大学院レベルでは、コア科目群、経済科目群、そして法律・政治科目群の三つの科目群がありますが、学生さんはコア科目から少なくとも二科目、そして、経済科目群或いは法律・政治科目群から少なくとも八科目取らないといけません。最後に研究論文を、日本語であれば二万字、外国語であれば一万ワード書かなければなりません。今までの経過を見ますと、最初の二〇〇五年度は二一人がこのプログラムを取りました。二〇〇六年度が七五人、二〇〇七年度が一三四人、今年の秋学期は学部生が四〇人、大学院生が二一人、そのうち学部生九人、大学院生三人が関学の学生さんでした。将来的には数がもっと増えるといいのですが。二〇〇七年度には初めて九人が卒業しましたが、学部生が五人、大学院生が四人でした。二〇〇八年は、詳しい数字は覚えていませんが、三月に発表がありまして、関学の女子学生が「ＥＵの言語政策とフランスの政策」についてフランス語で発表して一番優秀な賞を受けたということです。ここまでが修了証プログラムについてです。

次は、シンポジウムとワークショップとセミナーについてですが、この三年半で七つのシンポジウムが行われました。そして明日、第七回目のシンポジウムが神戸大学で行われる予定です。本来ならば毎年一回シンポジウムを開く予定だったのですが、三年半で七つのシンポジウムはかなり上回っています。ワークショップも毎年二つの予定だったんですが、これもかなり上回っています。関学では、海道先生も紹介されましたように、「ＥＵと日本におけるコーポレート・ガバナンス」というシンポジウムもあり、そしてフランス語で行われた「欧州研究開発政策の社会的インパクト」というワークショップもありました。このワークショップの特徴はもちろん、フランス語で行われたということです。英語以外の言語で行われたワークショップはこの一つだけでした。そして、私が担当していた自動車産業、主に東ヨーロッパの自動車産業の発展について、一日のワークショップを開きました。ポーランドの大学から一人の先生をお招きし、ベルリンからも一人（彼はポーランド出身ですが）、さらにシュミット先生、日本からは五人の先生をお招きしました。特に、下川浩一先生（法政大学名誉教授）に講演していただいたことはとても光栄なことでした。

その他のセミナーについては数がすでに一〇〇以上になってしまって、もちろん把握されているテーマも幅広かったので、これも三大学のコンソーシアムがうまくいっている証明だと思います。そして、第二期ＥＵＩＪ関西が認められた場合、来年はご存知のようにＥＵ中東欧拡大五周年の記念の年になりますので、中東欧拡大以降の経済発展、そして、拡大と中東欧諸国の社会への影響についてシンポジウムやワークショップを開くことができたらいいなあと思っています。以上が私のシンポジウム、ワークショップ、セミナーについての報告です。

三つ目のポイントですが、長期招聘が関学でありました。これはゲルト・シュミット先生をお招きしましたが、シュミット先生はビジネススクールで一つのセミナーを行われて、そのセミナーのテーマはヨーロッパの自動車産業についてでありました。九人の学生さんが受講し、うち試験を受けたのは八人でした。すべての学生さんが良い成績を取って、このコースの学生さんの評価も良かったということですし、学生さん以外には社会学部のハンス・ペーター・リーダーバッハ先生と萬成博先生（名誉教授）も参加されました。シュミット先生は経営学的な見方ではなく、社会学的な見方から自動車産業の発展と未来について授業をされました。もう一つ、総合コースでは三〇〇人を超える学生さんの前でヨーロッパ自動車産業についての講演をされました。さらに、ＥＵＩＪ関西のセミナーでもグローバリゼーションとＥＵについての講演をされ、今この講演内容について論文を書かれているのですが、産研論集かどこかに掲載されたらいいのではないかと、これは私からの提案です。これでシュミット先生の長期招聘についての報告を終わります。

最後にＥＵＩＪ関西の合宿について、私の個人的意見としてですが、この合宿は非常にうまくやっていると思います。学生さんも非常に楽しくこの合宿に参加しているように思います。私も二、三回参加しましたが、そういう印象を受けました。すでに四回この合宿は行われていて、二〇〇六年八月が第一回目で、二〇〇七年は三月と九月に二回目と三回目、今年の八月に第四回目の合宿が行われました。ＥＵＩＪ関西の事務室はもちろん、久保広正先生もとても熱心で、毎回非常に地位の高い方、例えば大使館とか大使館で働いている人をお招きして講演を受けています。内容的にも非常におもしろい内容です。さらに、学生さんは三つのグループに分かれて、ＥＵに関連しているテーマについてグループワークをしました。グループワークのテーマは例えば、国際通貨としてのユーロ、或いはＥＵの外交などです。学生さんはこういったテーマについて研究し、合宿の最終日にはグループ別で結果を報告します。つまり、参加している学生さんはこのワークショップでいろいろ研究もできます。しかも、この合宿は景色がとても綺麗な六甲山で行われ、すき焼き食べ放題も含めて二泊三日の参加費はたったの一、〇〇〇円です。これからＥＵＩＪ関西が延長された場合には、この合宿のプログラムを続けてほしいと個人的に思っています。

（土井）ブングシェ先生は最初から参加されていましたか？

（ブングシェ）私は半年遅れて、二〇〇六年四月からです。ＥＵＩＪ関西がスタートしたのが二〇〇五年一〇月からです。

（土井）久保先生とか海道先生とか皆さんのご努力があったと思いますが、ブングシェ先生が産研におられるということは非常に大きな意味があったのではないでしょうか。ブングシェ先生がおられないと、なかなか動かなかったと思います。

（ブングシェ）私も非常に楽しく参加させてもらっております。この三年間で大変勉強させていただきました。

（海道）国際会議でかなりの数の報告をされています。

（土井）まさに研究所の教員という名にふさわしい活動をされ、また、自動車産業で日本を代表する若手研究者であると思います。ちょうど伊藤先生の所長の時ですか？

（ブングシェ）そうです、ちょうど伊藤先生が所長の時です。

（伊藤）本当に、ブングシェ先生にはシンポジウムとか色々やっていただいて。

（土井）ややおかしな話ですけど、シンポを開催している時にブングシェ先生がオーディエンスの中に一人おられると、その会議が国際的に見られます。これは結構大きなインパクトがあります。私の他の大学の友達がそう言っていました。

（福井）先ほど国際標準のシンポジウムの話が出て、このあいだ別の学会で、日本規格協会の知り合いの主任研究員の方に、この方は名古屋の方ですけど、彼も来てくれてまして、関学さんは大したもんだと言っていただいて、そうでしょうって、自信を持って言っておきました。これは土井先生の関係でやったと言ったら、そうしたネットワークが良いととても褒めてくれました。

（土井）日本規格協会は寄附講座をＩＢＡで提供していただいています。

（海道）こういうシンポジウムとかワークショップはいろんな機関とのタイアップとかネットワークが得られるから、そういう意味ではネットワークを作るにも三大学のネットワークだけでなくよかったと思います。

（ブングシェ）神戸大学にも、例えば濱本正太郎先生とかジョラ・シルヴィウ先生とか、そういう方もかなり活躍されていて、トップレベルではなく、下のレベルでも協力がうまくできたのではないかと思います。

（海道）神戸大学の先生の中にはＥＵの機関で仕事をされていた方がいらして、久保先生もそうですし、ブリュッセルとかなりコンタクト、パイプの太い方も多いです。時には、日本の駐日欧州委員会代表部から情報が入るよりも先に、直接向こうの欧州委員会から情報が入るというケースが多かったように思います。

（土井）久保先生は丸紅出身ですね。

（海道）そうです。丸紅から、調査部なので、欧州委員会に出向されていたんです。

（福井）先ほど学生のいろんな関わり方について数字を挙げて説明していただきましたけれど、このＥＵＩＪ関西の活動統計資料を見ると、関学の学生もあちこちに出ていってくれてると思うんですね。ブングシェ先生も言われていましたが、このあいだ三月に図書館の地下で研究発表会があって、この時いたく感動したのは、関学の文学部の女子学生がフランス語で発表してましたよね。うちにもこんな子がいるなあと思っていたんですが、他の大学の学生に比べて引けをとらずにがんばってました。このことについて一言お願いします。

（ブングシェ）私はあまりフランス語はできないんですけれども、彼女は完璧なフランス語で発表して、内容的にも非常に意味深い話をしていたということで非常に印象的でした。

（福井）そうですか。一般的に関学の学生も、阪大とか神大の学生に混じって臆することなく、しっかりとやってましたでしょうか？

（海道）それは夏の合宿でも言えるわけで、三大学の一年生から院生までがグループに分かれて、先ほど言われたように、ユーロが国際通貨になりうるかどうかというディベートをやる時に、学部の一年生が臆せず三大学の学生や院生の中に混じって自分の意見を言うし、そういう意味では非常に積極的でした。

（ブングシェ）関学の学生さんは合宿へ参加する人数は結構多いと思います。ただ、個人的な意見ですが、修了証プログラムの人数は神戸大学や大阪大学に比べるとまだ少ないと思います。その辺はこれからがんばらないといけないと思います。

（渋谷）私の方からは、ＥＵ資料の受贈、三大学図書館相互利用協定からお話させていただきます。ＥＵＩＪ関西の申請の時から、関学が三校の中で図書・ウェブの役割を担うということになりました。これは、ＥＵＩＪ関西の申請の段階でメンバーだった中野幸紀先生、この方は図書館の元副館長ですけれども、中野先生の思惑もあったようなんですが、三大学図書館施設で関学が規模の上からも設備からもダントツに良い環境であったことは確かなことだと思います。まずこれが提案の原点にあったと思います。

後で述べるＥＤＣが当時、神戸大学、関学、大阪大学の三校とも指定されていなかったことで、関学の大学図書館をドキュメントセンターに、大阪梅田キャンパスをインフォメーション・ポイントに仕立て上げようという企画が生まれたわけです。採択後の二〇〇六年六月に、欧州委員会代表部広報官のアン・コフォードさんという方が単身で視察に来られました。この方は女性の広報官ですけれども、図書館の設備を丹念に見ていかれましたが、なかなかユーモアのある方で、産研のデータ解析室をじーっと覗かれて、得心したようにスマイル顔でうなづいておられました。その微笑の意味はその場ではわからなかったんですけれども、後でまもなく代表部の市川啓子さんから、駐日欧州委員会代表部は広報政策を見直す一環として代表部の資料室を廃止することになった、との電話です。資料室の官報や統計資料を関学へ寄贈したいが受け入れてくれるか、といった打診が寄せられました。ちょうどデータ解析室に収まる量だったので、コフォードさんのスマイルの意味がそこで分かったということになります。官報はＥＵの前身である欧州石炭鉄鋼共同体（ＥＣＳＣ）が結成された一九五二年からのバックナンバーが揃っており、古い時代の記録はネットでは検索できないので貴重な資料です。駐日欧州委員会代表部資料室の資料の一部は一橋大学へ既に流出していたようですけれども、それは後で述べる兵庫県立大学からの移管資料で埋め合わせすることができました。

三大学で単位互換協定の下で、それぞれＥＵ関連科目を提供しあって、一定の単位を修得できれば修了証を出す、いわゆる修了証プログラムが運用されるとともに、履修者がそれぞれの科目提供大学で学習できるように、大学図書館相互利用協定が結ばれました。これは三大学の館長の署名で結ばれた協定です。実際に関学の図書館は、その後、神戸大学の学生などがよく使っているようでした。さらに関学の図書館にはＥＵＩＪ関西ライブラリーを構築して、三大学のＥＵを研究する学生が利用できるようにしています。ＥＵＩＪ関西事務局から毎年購入予算を組んでもらって、本学の図書館が発注、整理の事務局を担い、大学図書館三階にコーナーを設けて、現在では約七〇〇冊ほど配架されています。

続いて、ＥＵｉについて報告いたします。ＥＵｉ、これはＥＵ情報センターと訳されるわけですけれども、ＥＵの行政機関である欧州委員会が世界中に展開する情報拠点で、日本国内には一八校の大学にＥＵｉが設けられています。さらにＥＵの情報拠点として、これらとは別に Deposit Library として国立国会図書館がその役割を担っています。EUi と Deposit Library は、ルクセンブルクにある欧州委員会出版局が発行するＥＵ官報、条約、年次報告書、月例報告書、統計資料などのＥＵ公式資料や、各政策分野についての広報資料を所蔵しています。これはＥＵの広報活動の一翼を担う性格も併せ持っており、資料の市民への開放や指定機関相互の連絡、研修活動などが要件となっています。

日本でのＥＵｉは、前身のＥＤＣ（EU Document Centre）が一九六九年頃から順次、各地の大学に指定が行われて、現在までに一八校となっています。北海道大学、東北大学、東京大学、一橋大学など国立大学の有力校、あるいは、私立大学の早稲田大学、慶応大学、中央大学、上智大学、同志社大学などの有力校がこの一八校に含められています。そして、有力校だけでなく、地域的な分散も考えて、沖縄の琉球大学とか、四国の香川大学とか、そういった地方にも拠点が設けられています。兵庫県では、かつて前身のＥＤＣに兵庫県立大学が指定されていましたが、二〇〇六年にＥＤＣからＥＵｉに組織再編される際に取り消されました。ＥＵｉ指定の機関は必ずしも大学図書館とは限らず、付属研究所の場合もあります。二〇〇七年に本学へ駐日欧州委員会代表部から打診があったのは、兵庫県立大学が指定解除になったためで、同じ兵庫県内に位置して、ＥＵＩＪ関西の情報・ドキュメンテーション機能を本学が担っているからです。駐日欧州委員会代表部側の意向からすれば、本学については大学図書館・産業研究所の状況はすでに広報官が見学して承知しており、新規の指定にあたって特別な調査は行わないということでした。

一方では、兵庫県立大学収蔵のバックナンバーの移管を求めてきました。これについては、本学はすでに駐日欧州委員会代表部より移管されたＥＵ官報、年次報告書、統計資料などのＥＵ公式資料のバックナンバーを産業研究所に所蔵していましたので、県立大学の蔵書は本学の蔵書と重複するものなどを除外して移管の資料数を限定することで、駐日代表部、兵庫県立大学との三者で事前に了解されました。兵庫県立大学から相当な量の資料を移管しましたが、これでもって産業研究所の書架はとうとう飽和状態になってしまったということになります。

ＥＵｉを産業研究所で引き受けることは二〇〇七年五月の大学評議会でも報告され、了解されました。その時には産業研究所の規程改正では図書資料の業務がないことに決まっていたのですが、学内の他の部局で引き受け手がなくて、大学評議会では報告事項として暗黙の了解がとられた、そういったいきさつもあります。

ＥＵｉ指定のための協定書は、二〇〇七年五月一八日に駐日欧州委員会代表部大使と本学ＥＵｉの担当部局である産業研究所長とのあいだで締結されました。その時の駐日欧州委員会代表部大使はヒュー・リチャードソン大使、本学の産業研究所長は伊藤先生であります。

次は、提供情報と資料について説明します。ＥＵｉから送られてくるのは、ネットでのニュースと郵送での逐次刊行物やモノグラフ、広報用の印刷物などです。ネットのニュース、これは EU Delegation Email Bulletin です。これは週一回の頻度ですが、学内のＥＵ研究者やＥＵＩＪ関西関係教職員に転送しています。ＥＵＩＪ関西のホームページからも閲覧することができます。郵送されてくる逐次刊行物は約二〇種類ほど、英語資料です。それ以外にモノグラフとかＤＶＤ資料とか、そういうものがあります。すべてルクセンブルクから直送されてきます。官報のようにルクセンブルクから駐日代表部宛に送られているものは、代表部で用を終えてからこちらに転送されるということになっていますので、到着にはタイムラグがあります。郵送資料は当然のことながら、公開して一般市民が利用できるようにはなっていますが、資料のデータをすべてＯＰＡＣオンライン目録に載せるまでには至っていません。また、駐日欧州委員会代表部もこれら送付資料について永久保存を求めているというわけでもありません。まあ、基本的には広報資料であるという風に考えられます。

最後に、日・ＥＵフレンドシップウィークについて述べます。ＥＵｉを引き受けた場合に、義務付けとなることが一つあります。それは、指定の情報センターで一年に一回、日・ＥＵフレンドシップウィークというＥＵの広報活動を行うことです。時期は、五月九日のヨーロッパデーを中心とする頃となっています。今年は、ブングシェ先生に二回講演を受け持ってもらい、また、事務室でもＥＵ資料の展示やＥＵクイズというのを行いました。講演についてはブングシェ先生にお願いします。

（ブングシェ）　短い話でしたが、二つのテーマについて講演しました。一つがドイツとフランスの協力についてですが、五〇年代から今まで、両国の政治家のペア、具体的にはアデナウアーとドゴール、シュミットとヴァレリー・ジスカールデスタン、そして、メルケルとサルコジを選び、ドイツとフランスがどういう形でＥＵに影響を及ぼしたかということについて話をしました。具体的には、シュミットとヴァレリー・ジスカールデスタンの時代にヨーロッパの通貨協力のシステムが導入されたということなどが一つの講演のテーマでした。そしてもう一つがＥＵの環境政策と加盟国の環境政策で、加盟国の政策の例としてもちろんドイツを挙げました。ドイツは環境政策の面では一番進んでいると言われているので、ドイツの環境政策はＥＵ全体にどのように影響を及ぼすか、逆にＥＵの政策は加盟国にどのような影響を与えるか、というテーマについて話しました。日・ＥＵフレンドシップウィークでありましたので、授業より簡単に、よりわかりやすく話をしました。以上です。

（海道）先ほど、渋谷事務長より駐日欧州委員会代表部から官報をはじめとする資料の寄贈を受けたという話がありましたが、官報はインターネットでも見ることができますが、図表とかが省略されていることもあり、ペーパーベースで得られる資料は非常に貴重です。関学以外では、日本では国立国会図書館しか一九五二年からのペーパーベースの資料はないそうで、それを関西学院大学が受け入れることができて非常によかったと思ってます。

（渋谷）この官報とか統計書とか、ＥＵ資料を受け入れるためにデータ解析室も改造工事を行って、それなりに予算外申請をして書架を取り付けてもらったんですけれども。

（海道）昔よりちょっとすっきりしましたね。

（土井）そうですね。ちなみに、どうして兵庫県立大学から関学に変更になったのですか？

（渋谷）お世話をされてた研究者が退職されたんですよね。その後、それを引き継がれる方がおられなくなったということです。

（海道）資料が一部、整理されずにそのままになっていたようです。どういう風に活用されているかを駐日欧州委員会代表部がチェックするので、それでＥＵ·ｉになる時に指定を解除されたそうです。能勢哲也元学長が熱心にされていたそうです。

（渋谷）かなり早い時期に指定されていたようです。ですから、その中心になられた方は熱心であったのではないかと思うんですけど、退職されると後に続かなくなったということです。

（土井）ＥＵからたくさんパブリケーションが出てると思うんですけど、これは全部あるのですか？　いろんなジャンルがあると思うんですけど。

（海道）はい、ジャンル別に来てます。まだ開架ではないので窓口を通してになりますけど、もう少し周知して利用してもらえたらよいと思います。ロースクールの加藤徹先生が見られて、これは以前から古書の取次店に言ってあって集めたかった資料だとおっしゃってました。

（土井）産研が担う役割はたくさんあると思いますが、要約すれば二つあると思います。一つ目は学内の知的資源を集約してそれを活かすということ、二つ目は学外とのネットワークを構築して、研究を、あるいは教育を進めるということ。これらは基本的には結びついています。こういう役割を担っているのが産業研究所だと思います。学外はもちろん、産業界、他大学、官庁などを含みます。少なくともこういう形で進めていかなくてはならないと思います。小西先生が中心でいろんな形で行われていましたけれども、民間というか産業界との関係は官界に比べれば比較的弱かったのかも知れません。産業界とのつながりで産業研究所も何がしかの役割を果たすために私たちがいろんなことに関わってきたこと、これがそれまでの産研の活動だったと思います。私自身がここの責任者だった時に何をしたかあまり記憶がなく、私の後任の海道先生、伊藤先生、そして今の福井先生の下で、産研の活動に私が関わってきたこと、そして、その関わってきた仕事が研究ネットワークの構築と活用であったことがその総括になると思います。

一つは、イノベーションについて、学外との研究協力を推進した。具体的には、四つほどあげられます。一つ目は昨年度の東京イノベーション講演会です。東京丸の内オフィス開設記念講演会を伊藤先生と二人でやりました。二つ目はやはり昨年度の関西イノベーション・フォーラムで、これも伊藤先生と二人でやりました。三つ目がごく最近の標準化と知財に関するシンポジウム（二〇〇八）です。いずれも、イノベーションに関して産学連携の仕事をしてきたということです。四つ目と言っていいかと思うんですけれども、産研のプロジェクトでそのメンバーに学外の方を含めたということで、これもコラボレーションの一つだと思います。これらの活動を通して、一定の方向をより確か

土　井

なものにできたのではないかと自負しています。詳しくはまた、伊藤先生にお聞きいただければと思います。

もう一つはイノベーションではなくて、ＡＢＩＣ（国際社会貢献センター）との関係です。ＡＢＩＣとの関わりは当初、経済学部での活動の関わりでしたけれども、そのＡＢＩＣとの関わりで、産研の主催のもと、総合商社に関するシンポジウム（『現代の総合商社』出版記念）を行いました。一〇〇名くらいの参加者があり、三菱商事の副社長を始め、多くの方々にご協力いただいて非常に盛会でした。それ以降、いろんなシンポジウムの時にＡＢＩＣの協力を得たという意味では、ＡＢＩＣとの協力は産研にとっても非常に重要であったと思います。ちょうど昨日、たまたまＡＢＩＣの方と打ち合わせの会があって、関学がよく努力しているという評価を得ましたので、産研の活動としてもＡＢＩＣとの協力関係を維持拡大できるように、今後も続けていただきたいと思います。

最後に、中小企業研究のプロジェクトに私が関わりました。これもある意味ではイノベーション関連の一つだったかも知れません。幸い商工中金の総合研究所の中小企業研究奨励賞経済部門をいただいた。その授与式に東京まで行きましたが、そのとき、産業研究所はよくやっているという話を聞きました。授与式におられる方はみんな中小企業研究の重鎮ばかりで、たまたま私の恩師の新野幸次郎先生（元神戸大学長）と親しい人ばかりだったので、多分おべっかであったと思うんですけれども、非常にほめていただいて帰ってきました。今後もこういう形で産研の研究の成果を外に発信するという姿勢を、さらに維持強化していただきたいと思います。これはある意味で経済学部を含めて他学部の皮肉になるかも知れませんが、関学はどちらかというと内弁慶で、学外との共同研究というのは比較的少ないし、学外に発信しようというインセンティブに欠けるところがあるので、そういう意味で産研は経済学部よりも多くのシンポジウムをやってると思います。今後もそういう形で存在意義を維持していただきたいと思います。

(海道) ありがとうございます。土井先生の所長時代にもう一つ、先ほど少し出ましたけれども、東京講演会がスタートいたしました。

(渋谷) 小西先生が企画面で働かれました。

(海道) それまでは産研の講演会はほとんど中央講堂を使って学内でやっており、参加者もリタイアされた方が聞きに来られることが多く、学内での講演会に東京講演会を加えて、外部へ発信するきっかけを作ってくださったのが土井所長時代だったと思います。

(渋谷) 新宿の住友ホールで行ったんですね。朝日カルチャーセンターと協力して。

(土井) もう一つ、関学会館で消費者問題のパネルディスカッション「食品は大丈夫か―消費者利益保護のあり方を考える―」をやりました。これも消費者問題の専門家から一定の評価を受けました。今日の状況を考えますと、今後もこの問題に関心を持っていただきたいと思います。

(海道) そういう意味では外部へ発信するきっかけを作っていただきました。

(渋谷) 関西ニュービジネス協議会と協力を始めたのも先生の頃からで、今もずっと続いております。

(海道) あと、土井先生にはＡＢＩＣと基礎を築いていただき、関学がＡＢＩＣと基本協定を結ぶ、そのこともあって今度は、ＥＵＩＪ関西の第二期申請もアウトリーチ活動はＡＢＩＣに協力してもらって展開しようということになりました。たとえば高校とか中学へ行ってＥＵの話をしてもらうという、そういうプロジェクトはＡＢＩＣと一緒にやることが申請書に盛られています。

(伊藤) ＡＢＩＣとの関係ができたのは、うちのゼミ生を商社に連れて行って説明会を開いて欲しいということで土井先生に頼んだのです。土井先生にアレンジしていただいたんです。で、対応していただいたのがＡＢＩＣの方々で、生島幸哉さんとか宇佐見和彦さんとかそういう方で、丸紅の地下でやったんです。学生は非常に喜んで帰ってきて、そこで土井先生から向こうは経済学部で講義をやりたいと言っている、と。ところが経済学部はＮＯと言っている、と。で、経済学部に聞きに行ったんです。なぜですか？と。教員で責任を持つ人がいないということだったので、それなら私が責任を持ちますと言ったのですが、ずっと一人では大変なので土井先生と二年交代でやりましょうかと、そういう形で我々はスタートして、授業をやってみると学生は満杯で、ものすごく人気なんですね。学生のコメントも非常に評価が高かったです。土井先生の仲立が大きな役割を果たしたといえます。そして、ＡＢＩＣがアプローチしていて経済学部が断っていると聞いて、土井先生と私が二人で交代でやらせていただいてるというのは土井先生のおかげです。

（土井）経済学部がＹＥＳというのに半年もかかりましたね。こんなことはすぐに決断できると思うのですが。

（伊藤）私の前の年はＡＢＩＣが経済学部に打診したが断られたと聞いています。

（福井）それは二〇〇二年ですか？　土井先生が所長の時は？

（伊藤）私が二回やって土井先生も二回入っています。もう七年目ですね。

（海道）教務部が窓口になって、総合コースがいくつか、ＡＢＩＣと協力して開設されています。ＥＵに関する総合コースもＡＢＩＣから講師を派遣してもらっています。たとえば松下の工樂誠之助さんをはじめ、数名の講師に来ていただきました。

（土井）昨日、梅田でＡＢＩＣの担当者と打ち合わせをやりました。各講師の方は非常に熱心で、打ち合わせ会議を二時間半か三時間くらいやりました。

（伊藤）経済学部の事務長に、我々は少しマンネリ化してきてるので他の学部へ持っていきましょう、って言ったんですよ。商学部へ持っていったらいいと言ったんですよ。そしたら事務長はあわてて、「それはあきません！」と言われました。

（福井）それ、いつごろですか？

（伊藤）最近ですよ。だって、経済学部は全然サポートする気がないんだったら、学生の受講数はどんどん減ってきてるし、もっと有効な商学部さんの方がいいかもしれません。

（海道）そしたら商経連携科目にしたらいいのではないですか。

（土井）本当は商経連携にしたかったんですけどね。学部が違えば担当者もマンネリ化を避けられると思います。

（海道）経法連携みたいに商経連携で開講したらいかがですか？　今、独書購読とか仏書購読ぐらいしか連携科目はないので。

（土井）私もそれを商学部の人に言ったんですけどね。ちょっと遠慮されたみたいですね。

（伊藤）経済学部はそんなに重視してなかったんですよ。私と土井先生だけですよ。こちらが言い出すとちょっと変わってきました。まあ、それでも、こういう形で土井先生にやっていただいて、たとえば昨年の東京講演会ではたくさんの人を集めていただいたり、こちらの場合でも着実に人が来ていただいてますし、そういう意味では非常にありがたいと思っております。後で私が説明しますけれども、第一回日中経済シンポジウムの時でも側面的な支援というのもやっていただきましたし、非常にＡＢＩＣさんにはお世話になっております。

（渋谷）そうですね。大きな行事の時にはＡＢＩＣさんに案内を出して、また、実際にだいぶ反応があります。

（伊藤）人数は多くはないですけれども、確実に何人か来ていただけますし。

（土井）ちなみに、これからの話ですけれども、一〇月一日に独アウグスブルク大のホルスト・ハヌーシュ氏が来ますね。彼は二年くらい前に僕のところに半年いたんだけど、彼に関学はEUIJ関西の研究の拠点だと言うと、大変興味を示して、彼の友達がリスボン条約の責任者らしく、自分の友達がいるからEUIJ関西とコラボレーションをしないかと、あの時一生懸命言っていました。今回の研究テーマを見ると、ヨーロッパの経験というテーマですから、もっと深くEUの成り立ちとか運営とか情報が入ってくるし、また我々がヨーロッパで仕事するときに、ハヌーシュ氏に言えばいろいろ便宜を図ってくれるのではないかと思っています。

（海道）前にお会いした方ですよね。一緒に六甲まで行って。

（土井）七月に来られたクヌト・ブリント氏はフランホッファー研究所の部長か研究センター長で、ベルリン工科大学の教授でもあるんですけど、彼もアレンジメントするから、関学が何か要望があった時には自分のところにコンタクトを取ってきてくれとしきりに言っていますので、そういう意味ではそういう人たちのネットワークを使うことは大事ではないかなと思います。

（福井）一〇月一日に来られるのは具体的にどんな目的で来られるんですか？

（土井）ハヌーシュ氏が副学長として共同研究を提案しています。テーマが“Economic Integration in Asia”で、サブタイトルが“What can Japan Learn from Europe”だったように思いますが。当初、彼が言ってくる前は、伊藤先生と二人で、テーマは何がいいかな？と考えていた時に、アウグスブルク大学にバイオについて経済学とか経営学から研究をやってる人もいるし、もちろん自然科学者もいますので、そしてまた、近くにバイオ関連の企業が多数立地していますので、自然科学者と社会科学者でそういうライフサイエンスの総合的研究をジョイントでできればおもしろいかな、と伊藤先生と二人でちょっと話をしていました。

(伊藤) 実際話をされる方と一緒に、別の方が、この方は理系の方らしいですけれども、別行動を取って、理工学部長の尾崎幸洋先生と会われるみたいですね。尾崎先生はご自分の研究分野では日本で第一人者で、今度日本分析化学会学会賞をもらうみたいですね。

(土井) しかも、関学も吉林大学とライフサイエンスの研究協定を結んでいますし。

(伊藤) 今回、我々は中国へ行ってやりますけれども、三回目をどうするかということで、ひとつの可能性としては、医薬だけでなくライフサイエンスも似たようなグループになりますので、理工学部も巻き込んで、関学のキャンパスであればコストも抑えながらできるんではないかと思います。

(土井) オックスフォード大学のサイドビジネススクールにいた経済学者のジョン・ケイがよく、今、バイオとかライフサイエンスの経済学が一番大事だと言ってるんですね。ヨーロッパはそういう風な流れがあるのかも知れませんね。そういう意味では、カレント性もあるし緊急性もある。

(伊藤) イノベーションとも絡みますよね。だから、理工学部のそういった研究と土井先生が今、一緒にイノベーションの研究をやっておられますよね。いろんな方もおられるし、外からイノベーション関係の新しい方が一人（二〇〇九年時点の宮田由紀夫商学部教授）来られるし。その方はアメリカの産学連携のおそらく第一人者ですよ。まさにそういうことにぴったりの方に来ていただきますので、いろんな方を抱き込んだら、社会科学あるいは自然系だけでなくて、両方を分かち合うといったことになりますので。

(土井) イノベーション研究で著名なＩＢＡ（経営戦略研究科）の玉田俊平太先生を初め多くの方がおられるので、産研のプロデューサー機能を発揮していただきたい。

(海道) そうしましたら、次は伊藤先生お願いします。

（伊藤）まず、東アジアのビジネス・ダイナミックスなどの研究についてですけれども、土井先生が所長の時代に、アジアのこと、伊藤さん、どうですか？という感じで話が来まして、ちょうど二〇〇一年末に中国がＷＴＯに加盟、台湾も次の年の二月に加盟、という形で非常に大きくアジアの中で直接投資が動き始めたところだったんですね。そういったこともありましたので、産業研究所が今までヨーロッパ、国内のベンチャーとか、あるいは地方自治、自治体、地方の産業もそうですけれども、そういったことをやってこられて、ここらあたりでアジアのことに目を向けるのはいいのではないか？と。そして、目を向けるにあたってどうしたらいいかということで、当時の流れでいうと、今言いました直接投資、貿易が域内で非常に活発化してきた。それで考えたのが、たとえば韓国の企業が韓国から中国、台湾企業が台湾から中国、あるいは日本の企業と韓国との関係はどうなっているのか？あるいは人の移動はどうか？というところに焦点をあてて、アジアの経済がどのように変化しつつあるのか？そういったところを細かく分析しようということで、東アジアのビジネスダイナミックスというプロジェクトをスタートしまして、土井先生の同級生の趙炳澤先生（漢陽大學校經濟金融大學元學長）にプロジェクトに入っていただき、韓国の液晶とか先端系の企業の動き、韓国、中国への進出をやっていただきましたし、私は台湾の企業ということで、江崎光男先生（名古屋大学教授）の書評にもありましたように、いわゆる雁行経済的な動きというか、各地域での労働コストがあがることによって産業がどのように動いていくかとか、そういったことを視野に入れながら、こういった本の出版に動き出したということです。ただ、私の責任もありまして、出版がかなり遅れたということが非常に私の反省点でありまして、以後の方に早く出版しろということはなかなか言えませんでした（笑）。ところが今現在、非常にスムーズにやってこられまして、私自身も非常に恥ずかしい思いをしております。まあ、時期としては、内容的にも完全ではありませんけれども、よかったかなあと思います。

それから、アジア研究の国際ネットワークということで、まず一つは来週、中国の長春に行きます。日中経済シンポジウム、これは二〇〇五年の八月初に一度、当時の学長、平松一夫先生とお話する機会がありまして、その時に三つほど頼まれたんですね。そのうちの一つがこの日中経済シンポジウムを吉林大学と協力してやってくれということでやり始めまして、どのような形をとるかということで、吉林大学側とも交渉しまして、特に産業においては、自動車、こちら側の事情で金型とか工作機械というのが一つ、それから、これは吉林大学側の要望ですけれども石油化学あるいは化学産業、それから製薬、この四つの産業でやりましょうということになったわけです。それで、一日目はシンポジウムで規模の大きなものでやって、二日目は規模を縮小しながら、自主的に特定の産業の中での協力関係の可能性を探るようなシンポジウムをやろうということで、まず一番最初に、我々としてはできるだけ外へ発信しようということで、大阪府知事にお願いしようかということを言ってたんですね。吉林省側も副省長が来るということで事を進めていて。ところが当時の知事はなかなか直前になっても予定が変更になってしまうということがあったので、副知事でどうですか?という話で進めていたんですけれども、結局二〇〇六年一二月の段階で、吉林省側から副省長は海外へ出られないという事情がわかりまして、急遽大阪府さんにも頼まないということになりました。それから、挨拶のところに、大阪商工会議所さんとか関経連さんとかにお願いしようとしていて、関経連さんは松下正幸さんに来ていただいたり、大阪商工会議所も当初、ちょうど会頭、副会頭の会議が同じ時間帯にありまして、にも関わらず、関学のＯＢの大和ハウス工業の樋口武男会長に少し会議を抜け出していただいて挨拶していただいたり、結果的には非常にうまくいったかなと思います。

また、次の問題が基調講演をどうするかということで、やはり自動車に重点を置きたいということで、トヨタの副社長にお願いしようと。普通トヨタの副社長を呼んでくるというのは非常に難しいことですれども、土井先生のご努力で、土井先生はもちろんトヨタの筆頭副社長を知っておられたので、土井先生からお願いしてもいいんですが、断られる可能性もあるので、その方は土井先生の恩師の新野先生の小さな研究会に報告に来ておられたということもあって、そういう関係で土井先生から新野先生の方にいきまして、新野先生の方から筆頭副社長にいきましたら、その筆頭副社長は、自分は中国以外の全世界の担当副社長であるので、中国担当の副社長がおりますので、ということで中国担当副社長へ行きまして、即日、その秘書の方から学長室に電話がありまして、そのシンポジウムは何時から何時まで拘束ですか？と聞かれたので、ということは、すぐに受けていただけた、という経緯で非常にうまくいきました。その方は稲葉良晛副社長（当時）ですけれども、のちに中部国際空港の社長になっておられます。非常に快く来ていただいて、おそらく非常に満足して帰っていただいたと思います。また、午後のセッションでも、非常にお忙しい藤本隆宏先生（東京大学ものづくり経営研究センター長）にも、これも土井先生に頼んでいただきまして、そういう意味で土井先生に非常に助けていただいたと言えると思います。あと、商社の西田健一さん（当時丸紅理事・故人）にも非常に助けていただきましたし、毎日新聞さんとも協力関係があったということで、そういう意味では広報の点、外との関係というものが非常に密になったと思います。ただ、そのときも事務の方々（渋谷さん、石田さん、他の方）にも本当に一生懸命助けていただいて、私は横で見ていたんですが、大変だったと思うんですね。成功して本当によかったなと思います。

（渋谷）国際教育・協力センターの方も二人、がんばってくれていて。

（伊藤）国際の方々にもがんばっていただいて。それについては学長の方から、三月に慰労会という形で関係者の皆さんを呼んでいただいて、非常によかったなと思います。まあ、それが一日目で、二日目にはここにおられるブングシェさんにも報告していただいたり、産業界の方にも報告していただいたり討論者になっていただいたりということで、非常にいい形での交流が産学の連携ということでできたのではないかと思っています。

日中経済シンポは次の年にもやろうと、当時の平松学長と吉林大学の副学長の約束がありまして、今、準備をやっているんですけれども、ただ残念だったのが、丸紅の西田健一さん（二〇〇八年一〇月一日逝去）という方が関西の財界の中では中国に向けては中心的に動いておられた方で、その方にすぐに代わる方がおられないんですね。その方が体調を崩されて頼ることができなくなったということで、今回のシンポジウムを進めるにあたって難しい問題が出てきました。もし元気でおられたら、もっともっとスムーズにいってたと思うんですね。ただそういった中でも、伊藤忠さんとか大阪府さんにはいろいろと協力していただきましたし、毎日新聞さんにも協力していただきましたし、今回は土井先生が中心になって、福井先生にも一緒に行っていただきますし、国際協力センターと産研の方でもかなりサポートしていただいて、なんとかぎりぎり行けることになりました。まあ、この機会を通じて大阪医薬品協会とか大日本住友製薬さんとの関係が密になってきましたし、今回の旅行を通じてでもまた密になると思うんですね。そういった意味でも将来的にライフサイエンスとか医薬とか、こういったものもひとつの産学連携の柱になっていく可能性もあるかなと楽しみにしております。

それから、ＪＥＴＲＯとの共催の講演会なんですけれども、これは、一回目は二〇〇六年の春にＪＥＴＲＯの理事で本学の同窓生である鷲尾友春さん、当時は海外調査部長でしたけれども、今現在は理事になっておられます（その後、本学国際学部教授に就任）。アメリカのハリー・ハーディング教授、当時は教授ではなかったですかね？　それからピーター・ボテリエ、これはジョンズ・ホプキンス大学の教授ですけれども、お二人が来られて、私と三人で講演会、シンポという形で関学会館ホールでやらせていただいて、これは非常に盛況だったんですけれども、あまり盛況すぎて立ち見が非常にたくさん出ました。

（渋谷）同時通訳のレシーバーも足りなくなっちゃいました。

（伊藤）しかし非常に盛会でしたし、お二人来ていただいたうちのハーディングさんというのは、これからアメリカの大統領選挙が行われますけれども、民主党が政権を取った場合には、今のヒル国務次官補、あのポジションを占める有力候補の一人ということを聞いてますし、そのような方に来ていただいたのは関学としてもありがたいですし、お二人は次の年も来ておられたんですね。そのときはお時間がなくて、関経連で三〇人くらい相手に新しい事情を報告されました。これには私も参加させていただきました。これは二〇〇七年の春ですけれども、二〇〇七年の秋に、ＪＥＴＲＯさんだけでなくて関経連も含めて、大きな日中経済討論会を一〇月、一一月に大阪でやってるんですね。昨年もそういう形でやって、中国の国家発展改革委員会の対外経済研究所の張燕生所長と香港のフェニックスＴＶの有名なニュースキャスター邱震海氏に来ていただいて、中国語で報告してそれを同時通訳するということをやらせていただきました。その時に大変なことが起こりまして、当日、同時通訳のブースが届いてないということが分かって私も渋谷事務長も真っ青になったのですが、ちょうどそのときにサイマルから来ていただいた通訳さんは非常に力のある方でうまく対応していただいて、同時通訳ではなく逐次通訳に切り替えて非常にうまくいったと思います。お二人の先生がたも非常に満足して帰っていただきましたし、そういう意味ではＪＥＴＲＯさんを通じていろいろな海外の著名人を呼んできていただけるということで、非常にありがたいなあと思っておりますし、産研の今後の事業に来ていただいたらよいと思っております。私は中国経済とかアジア経済とか経済学部で教えておりますけれども、そういうところに、渋谷事務長を通じての場合もありますし、別ルートで来た場合も産研との共同講演会という形で、ひとつは例えば萬成博先生を通じて広州ホンダの元総経理門脇轟二氏や、この一〇月には広東松下エコシステムズ元社長で佛山市駐日代表事務所長の喜多忠文氏に講演していただけるということで、こういった企画は学生にとっても非常にありがたいですし、また、これまでにインドの総領事オーム・プラカーシュ氏に来ていただいたり、このあいだ香港の駐東京経済貿易代表部のアルバート・タン代表に来ていただいたり、産研との共同講演会をしていただいて、そして、今度はラトビアの大使（ペーテリス・ヴァイヴァルス氏）ですか？ということで、そういうことを今後共同でやっていただいたらありがたいと思っていますので、またよろしくお願いいたします。去年の一〇月にＪＥＴＲＯさんと共催の講演会をやらせていただいたんですけれども、あの時は九月にブングシェ先生のワークショップ、東京講演会が一〇月は毎週計四回、それから、今言ったことと、一一月にも何かありましたよね。

（土井） 一一月は、先にも触れました、大阪商工会議所での関西イノベーション・フォーラムです。

（伊藤） そうそう。ということで、おそらく産研の職員の皆様には多大なご迷惑をかけまして、本当に考えるだけでも私も混乱するくらい。

（渋谷） 秋学期に去年は行事が重なりましたよね。春学期の方はわりと楽だったんですけれども。でも、今となっては思い出になりますから。

（土井） 関西イノベーション・フォーラムでも参加者が多く、断るくらいの人でしたね。

（伊藤） ほぼ満杯でしたよね。大商の時もそうでしたし、基調講演にシャープ副社長の安達俊雄さんを呼んできました。逆に日中経済シンポの時には土井先生がいろんな方を呼んできていただいて、すごくそういう意味では連携というのができてよかったと思います。我々は産研の外にはいますけれども、そういった形で仕事をどんどん振っていただいて協力できればと思います。

（土井） これを引き継いで拡大するのが福井先生の役割ですよ。

（福井） 拡大の前にまず守って、下降線にならないようにがんばりたいと思いますんで、よろしくお願いします。

（伊藤）各学部に色々な方がおられますし、新学部にも色々な方が来られますので、産研に協力していただけることを期待します。

（土井）錚々たるメンバーです。

（海道）組織変更を合わせて、国際学部とのコラボレーションもこれから出てくるかと思います。

（渋谷）人間福祉学部とのコラボで東京講演会を開こうかと言ってるんです。小西先生と。東京大学財政学の神野直彦さんとの対談があるんですが、その前に増田寛也総務大臣（二〇〇八年九月時点）の講演をやっていただいてという企画を考えているんです。まあ総選挙がありますから、それが終わってからになりますけれども。

（伊藤）ブングシェ先生が新しい学部に移られますのでそういう意味で最初はヨーロッパの授業も持たれますし、日本語、英語でね。さっきおっしゃったＥＵＩＪ関西関係でハヌーシュさんなどが来られたときなど、授業に入っていただくことも可能になってくると思います。

　前回は大阪府さんがダメで、向こうのトップのドタキャンがありましたけれど、今回はそんなのがたくさん出てきて、それから、相手側の準備が遅かったんですよね。あれが二ヶ月くらい早かったらもっともっといいかたちで人集めをできたと思うんですけれど。でもうまくいかなかったにしても、例えば日中経済協会関西本部の松崎征弘さんですか？おそらく私は無茶を言ってると思うんですよ。それでも快く引き受けてくださったし。伊藤忠の大月秀夫さんもダメだったけれども、昨日、無理を言って日中経済貿易センターの青木俊一郎理事長に電話を入れてもらって、私が電話でお願いし、そこから大連事務所長、北京事務所長、これは全部予定が埋まっててダメだったんですけれどもね、それなら、おたくは理事長が松下のＯＢだから、ＯＢと言ってもまだ現役ですけれど、北京の松下の総代表みたいな事務所があるんですけれども、そこの上の人を出すかどうかあたっていただいて、それも結局はダメだったんですけれどもね。向こうも笑いながら、一週間前ですからね、と。

（渋谷）本当に、今回はかなり綱渡りで。

（土井）今回、伊藤忠の大月さんが強調されたんだけれども、やっぱり続けないとダメだと。今回限りだと協力しないとはっきり申されたから、ちゃんと維持拡大しないと……。大学は何か花火のようにポンと打ち上げて後は放っておくというのに疑問に思っておられる。そういう意味ではずっと継続をしないといけませんね。

（伊藤）今回のを向こうでやっておいて、次はこちら側でライフサイエンスを、向こうでは生命科学ですが。吉林大学の生命科学というのは阪大に引けをとらないらしいです。そういった形で関学の理工のシーズを使ってイノベーションとかやってますよね、それの絡みとか医薬とかをやればおもしろいかなと思いますけれどもね。もちろん福井先生には先頭に立っていただく、と同時に我々はちゃんと裏方をやりますので。

（福井）それはよろしくお願いします。

（伊藤）将来、場所がちょっとないですけれども、もし可能だったら新学部を拡大したいなあと思ってるんですよ。拡大の意味はもちろんヨーロッパを含めるということですから。そうなればＥＵＩＪ関西の産研との連携もかなりできます。

（土井）ＥＵＩＪ関西のメンバーに入ってるということは大事だよね。基盤があるかということは重要です。

（伊藤）少しだけの科目ですが、新学部のカリキュラムにヨーロッパの科目も入ってます。ＥＵＩＪ関西にはますますがんばっていただいて、関学の宣伝をしていただくことを期待します。

（渋谷）それと今、中国から南の方へ、インドシナの方へ経済の動きが移りつつあるということで、野村宗訓先生の方でがんばっていただいておりますけれども、ああいうインドシナを中心としたプロジェクトもこれからの課題だと思っております。

（福井）おかげで学外の第三者評価も非常に高い評価を受けて、ものすごくがんばっていると。専任でないのに先生一人で、学外の研究もやってるのはすごいことだとすごく褒めていただいて。浅野考平評価情報分析室長が、それはちょっと褒めすぎだとおっしゃってました。それでも他の部署と比べたらすごいと。

（渋谷）特にこの五、六年は派手なことばかりやってましたね。

（伊藤）去年の秋の時はちょっと申し訳ないなあと思いましたね。ものすごく仕事が増えたと思いますので。

（海道）顔つきが違ってたので話かけにくかったですよ（笑）。

（渋谷）まあ小西先生の東京での展開を含めて、この五、六年の動きは目覚しいものがあります。皆さん、ありがとうございました。

（伊藤）むしろこちらこそ、サポートありがとうございました。

（海道）あと、アジア研究を歴史的に見ていくと、産研叢書の第20巻が「アジアの近代化と国家形成」、第23巻が「シンガポール」でどちらも杉谷滋先生の編集、それから、第27巻が今井譲先生の編集で「アジアの通貨危機と金融市場」です。以前からこういう柱があって、今また更に発展してるということですね。以前は地場産業にも重きを置いていましたが、ここ十数年を見ると、アジア研究が柱となって、アジアだけでなくヨーロッパも見ようということで地場産業に代わってヨーロッパが入ってきたという流れがあります。ますますの発展をお祈りします。

（土井）ブングシェ先生が国際学部の専任に移られた後、テンポラリーというか期限付きでいいので、ベトナム、インドネシアなどから三年とか四年ほどこちらに来てスタッフとしてパイプ役になってもらえる人、そして、将来元の大学に戻って、もちろん先生になられると思うんだけれど、そんな人を割当てさせてもらえば、産研がもっと国際化すると思います。我々も業績を示し、また提案したらいいと思います。

（伊藤）先ほど話に出ていました野村先生とも少し話しましたけれども、この間の水曜日に開催されたベトナムのセミナーに行けなかったと。ベトナムはものすごく脚光を浴びてるんですよね。野村先生が応募したそのセミナーも駄目でしたし。行けなかったんです。人数が多くて。

（土井）もっと外部資金をどんどん取ってもらいたいですね。

（福井）そういう意味ではＥＵＩＪ関西は大きいですよね。

（海道）大学側が全面的にサポートしてくれるので助かります。第二期の公募に際しアウトリーチを重視しようということで、神戸大学の久保広正先生より、関学がＡＢＩＣと関係があるのであればぜひアウトリーチとして、中学、高校への出前授業をＡＢＩＣと共同で進めてほしいと言われまして。

（福井）それはＥＵのことを中学生、高校生に広報するんですか？

（海道）ＡＢＩＣには海外に駐在していた商社マンの方がかなり多いので、中学生、高校生にヨーロッパの話をしてほしいと思います。それに、久保先生がＥＵＩＪ関西編で「ＥＵの研究」という小学生向けの本を出版されました。ＰＨＰ出版から出して、非常によくできた本なので、そういう本を使って出前授業をやっていただければと思います。

4

ベンチャー・イノベーション研究の経緯と動向

産業研究所の共同研究は、近年国際化、地域連携のテーマが目立っているが、一方で、経営の革新化とか、これからの経営のあり方とか、その根源となる経営者のスピリットに迫るテーマもある。これは高度経済成長を続けてきた日本が、やがて投機的経済へと変貌し、一九九〇年代初めにそれが破綻したことと無関係ではない。長いトンネルから抜け出られない経済低迷が背景となり、学界でもこれの処方箋を見つけ出す模索が続いている。

冷戦後、日増しに強まる国際経済化の中で日本が勝ち残るには、もちろん世界に秀でた科学技術と工業力を持ち続けなくてはならない。そのためには、絶え間ない産業界のイノベーションが必要である。一方で、企業も競争相手を海外に据えて、組織の変革をはからなければならない。産研では、まず深津比佐夫編著『変革期の企業システム』（産研叢書21）が一九九七年に刊行された。単にグローバル競争の体制に合わせることだけでなく、会計的な利害調整や働く女性の意識変化などを取り上げているところがユニークである。翌年刊行の小西唯雄編著『産業と企業の経済学』（産研叢書22）も基調は経済のグローバル化においているが、理論・学説史的展開や産業ガバナンスと政治経済を加えるなど、多角的な分析である。

ところで、以前から商工総合研究所（旧商工中金）が行っている中小企業研究奨励賞を『産研叢書』が三度受賞していることは誠に栄誉なことであるが、そのうち二回が、この一〇年間の出来事であることは、産研七十五年史の中でも特筆に値することではないかと考える。

最初に受賞したのは、昭和五八年（一九八三）に金子精次編『地場産業の研究―播州織の歴史と現状』（法律文化社一九八二年刊、産研叢書10）であった。これは文学部の教員も含めて学内横断的に研究者が編成された、おそらく産業研究所でも実質的に初めての共同研究であったろうと考えられる。研究対象である西脇市の織物業界との間をとりもたれた故柿本宏樹氏（当時産研教員）の貢献が輝いている。

次いで受賞したのは、二〇〇三年の土井教之・西田稔編著『ベンチャービジネスと起業家教育』（御茶の水書房二〇〇二年刊、産研叢書26）である。日本経済は一九八〇年代の投機的な成長が崩れて、「バブルの崩壊」、「失われた一〇年」と自嘲されたように、経済の停滞感が社会全般を覆った。巨大化した企業が内部のリストラに転じ、生産拠点を発展途上国に移してコストを切り下げるなど、ドラスティックに企業の生き残り策が目立った。失業率がかってないほど高まり、土地価格は下落一方となり、産業の地域間格差が広がった。金融危機などで経済成長が停滞したのは日本だけではないが、経済政策の失敗や産業構造の転換に遅れた分、日本は海外諸国に比べ喘ぐ時間が長くなったといえよう。

やがて、企業と技術のイノベーション、起業家精神（Entrepreneurship）、産業クラスターの形成など、出口の見えない迷路から脱する指南が注目されるようになり、『ベンチャービジネスと起業家教育』の共同研究は、低迷から立て直しを図るような、新鮮味が印象的であったといえる。単なる処方箋でなく、教育への論及という、根底には新しい経済環境に対応して、日本社会の意識変革を提示したものといえよう。執筆陣に学外の気鋭の起業実践家三人を揃え、またこの分野で海外の碩学 Karl-Heinz SCHMIDT 氏の論文を取り入れていることも、受賞に際して大いに評価された点であろうと考えられる。

そして、二〇〇七年に私が編著となった『新時代のコミュニティ・ビジネス』（御茶の水書房、二〇〇六年、産研叢書30）が受賞した。私自身は、この共同研究代表者の責任を負ったが、三年間の期間中に一年間の海外留学があり、共同研究の運営を定藤繁樹教授にずいぶん助けていただいた。彼は先に受賞した『ベンチャービジネスと起業家教育』（産研叢書26）の執筆陣の一人であり、当時実業界にあって、京都リサーチパークでの高い実績など、起業家の先達者である。

現代はグローバル経済化が急速に進む時代である。産業のグローバル化、企業のグローバル化は、各国の産業構造を否応なしに変革させて、社会を同質化していく力があるが、一方で、地方経済を崩壊させていく危険を孕んでいる。もとより地域に根付いた住民の生活は、経済環境の変化をたやすく受容できるものではない。経済のグローバル化と地域生活の保全は、二律背反の課題である。

コミュニティ・ビジネスというのは、住民の暮らしと生活になくてはならないもので、地域住民に支えられた経営活動ということがいえよう。経済のグローバル化から波及するものとして、国内において企業の東京一極集中、地域経済の崩壊があるが、そのアンチテーゼとして、地域再生、都市再生という動きが起こる。これは、地域の行政、産業、住民が一体となって動くもので、地域ごとの個性と独自性が求められるのである。

これは、もちろん日本だけの現象ではない。英国においても、米国においても、地域支援策が行われてきた。

私は、かつて西宮市内の四ヵ所の商店街で「たこ焼き世界学生選手権」を開いた。まちおこしのイベントであるが、学生が地域の商店街へ眼を向けるところにミソがある。若い学生たちが、横並びで大企業に就職希望し、安定的な将来を夢見ることを否定するつもりはないが、名だたる大企業であっても将来は磐石ではない。起業という生き方もあるとの考えの種を若い学生に蒔いておきたい。一方で、地域の再生に取り組むという、目標のしっかりした、起業精神に富んだ生き方に関心の眼を注いでくれることを私は望んでいる。

ところで、われわれの研究成果『新時代のコミュニティ・ビジネス』を商工総合研究所へ売り込んでくださったのは、出版元の御茶の水書房であった。御茶の水書房のおかげで、褒章をいただく栄誉に浴することができた。産研叢書は、次の31編から日本評論社との契約に変わった。事情はそれなりにあったのであろうが、編集にかかわった者として複雑な思いでいる。

（福井　幸男　商学部教授）

5 講演会

産業研究所は学生との接点を直接もたないことから、研究成果を学生に還元するという観点で、講演会を学内で開催することが熱心に行われてきた。毎年度、春と秋に数度の講演会を開催して、そのときどきの重要テーマを講演会の形で取り上げてきた。しかしながら、授業期間中に講演会を開催したときの十分学生が集まらないという問題に悩まされることとなった。そこで、社会人に門戸を広げ、一度来ていただいた方には、郵便等でご案内を差し上げるなどの方針に転換したところ、毎回、安定的に集客が見込まれることとなった。

その一方で、産業研究所のアイデンティティとして、学内の中で一定の役割を果たすというものから、大学の情報発信として、外に向かって情報提供をするという方向が重視されるようになった。二〇〇三年に実施された東京講演会などがきっかけとなって、その頃から学内より学外に講演会のウエイトも移動している。

それと並行して、学生との関係を密にするという観点もあって、千刈キャンプを会場として一泊二日の「産研セミナー」を八回にわたって実施した。少数だが学生の主体的な参加をえて、印象深い企画であった。また、自治体向けに、地方分権等をテーマに北海道や沖縄でセミナーを実施している。大学と自治体とのコラボレーションが重要視されてきたことを受けて、大学ならではの情報発信を模索した企画であったといえる。

さらに、ＥＵＩＪ関西の発足とともに、大きな規模でのＥＵＩＪ関西セミナーが開催されている。外国人講師が多く参加し、多くの聴衆を集めるなど、以前の産業研究所の講演会とはまさに隔世の感がある。産業研究所として積み重ねてきた講演会開催のノウハウが、ここに来て一気に花咲いた感じがある。この頃から講演会の活動は、イノベーションや外国経済を中心として、経済界と接点をもって外部発信する方向に転換してきた。その内容は、先に掲載した座談会や巻末の資料に掲載している。

（小西　砂千夫　人間福祉学部教授）

第Ⅱ部

専門図書館

第Ⅱ部では、産業研究所の活動のもうひとつの柱である専門図書館機能について言及する。書庫スペースの確保をどのように果たすかが懸案であったが、新大学図書館に移転したことで一応の目処が立ち、電子化についても一定の成果をあげた。しかしながら、大学図書館との連携をいかに図るかが常に問題となり、紆余曲折を経て、ついに産業研究所は図書館機能の大学図書館との統合の方向に進み出すこととなった。ここでは、産研が専門図書館として、どのように機能してきたかについて振り返る。

1 専門図書館の経過と調査資料の提供

産業研究所の図書資料部門は、一般的に専門図書館と位置づけられる。

専門図書館とは、その設置母体の目的にそって特定の専門領域の資料や情報を収集・整理し、その専門家や研究者にサービスを提供する施設である（日本図書館協会図書館ハンドブック編集委員会（二〇一〇）『図書館ハンドブック第6版補訂版』による）。産業研究所は創設当時より専門図書館としての機能を果たし、研究者を支援してきた。その側面について紹介する。

なお、以下、本節は、産業研究所事務室の石田文子氏による「調査資料提供と研究支援—関西学院大学産業研究所」（『専門図書館』No.244、二〇一〇年一一月）を引用したものである。

(1) はじめに

関西学院大学産業研究所が創設されたのは一九三四年（昭和九年）四月である。

産業研究所は記録によると、その前身は明治末に専門学校令により設立された高等学部商科（当時の修業年限は四年制）につくられた商業経済事情調査部であった。当時の調査部では新資料の収集、統計書の目録作成や新聞のスクラップなどの資料の収集整理を行い、一般学生にもそれらを公開していた。その後、昭和になって関西学院大学が設立されると当時の高等商業学部調査部を改称、産業研究所が商経学部の付属機関として発足した。戦後には学部付属の研究所から大学長直属の研究機関として位置づけられて現在に至る。

設立当初より研究用として収集してきた資料を公開する一方で、研究活動を行い、研究成果を広く社会で共有するために出版物を公刊し、また講演会、公開シンポジウム、研究会、ワークショップ等を開催して、その成果を社会還元してきた。学際的、実証的、総合的なアプローチによって経済や産業に関する現実的な課題について研究を行うこと、そして研究と現場の橋渡しをすること、経済の発展に寄与することを目的として活動している。資料センターとしての専門図書館機能と研究支援機能を併せ持った社会科学系の研究所である。

(2) 新しい組織への転換

産業研究所は二〇〇八年四月より新たな規程のもとで運営されている。設立当時から経済学部と商学部教員から構成される産業研究所評議員会を運営母体としてきたが、社会科学系の学部・研究科から選出される委員による運営委員会がそれに代わることになった。また長年収集してきた図書資料は、大学図書館への移管が二〇一三年四月をめどに実現することになった。これは大学から提案されてきた産業研究所と大学図書館との図書資料管理の一元化を図ることを目的としている。新規程のもとでは「調査研究情報の提供」を行うため、どのような形で産業研究所の特色ある情報を提供できるかがこれからの課題となっている。

(3) 組織・職員

研究所の組織は、学部・研究科選出の大学教員八名の委員から構成される運営委員会、および専任事務職員二名、派遣職員・アルバイト職員五名で構成される事務室からなっている。産業研究所長は運営委員から互選され、任期は二年である。所属教員は昨年度まで任期制教員が一名所属していたが、新設学部へ移籍し、二〇一〇年度は不在（欠員）となった。

当研究所では、常に三つの共同研究プロジェクトを置いている。本学の教員、学外研究者から構成されるこのプロジェクトに関わる共同研究員は現在二七名（内学外者一一名）である。これ以外に受託研究員の受け入れも随時行っている。

(4) 施設

研究所事務室は西宮上ケ原キャンパスにある大学図書館三階にあり、保存用電動書庫が地下中間階に位置する（写真1、写真2）。資料室としてのスペースは六六一平方メートル、事務室

写真 1

写真 2

・研究用エリアを含めた研究所全体では一、二七六平方メートル、図書収容可能冊数は一三万冊（現在、ほぼ飽和状態）。書架は九九パーセント開架方式となっている。

事務室はカウンターで図書資料の貸出返却・利用相談を行っている。利用者エリアには閲覧席、コイン式コピー機、当研究所資料・データベースが検索できる端末を五台設置している。

(5) 蔵書構成

商経学部付属資料室であった経緯から、経済、産業に関わる統計資料・政府刊行物・白書・調査報告書や学術雑誌を中心に収集している。これらの中には各種団体会員加入により入手しているものがある。また大学等の紀要もあわせて収集、その関係で経済学部と商学部の紀要発送業務を行っている。産業研究所資料は研究所設立当時から考案された独自分類によって整理、主題順配架で利用に供している。これは、特に当研究所をよく利用する地方財政や会計学を専攻する研究者・学生にとって利便性の高い分類となっている（大学図書館はＤＣ（デューイ十進分類法（Dewey Decimal Classification））16版を基に改変された分類を採用）。

二〇〇二年から大学図書館の図書システムを導入している。産業研究所所蔵資料のデータ遡及入力を行い、大学図書館オンライン目録との横断検索が可能となった。また、貸出返却手続きも同システムを採用したため、利用者の利便性が向上した。

産業研究所蔵書の基軸となる統計資料・調査資料の他に特色ある資料については次に紹介する。

(6) 特色ある資料

(a)東アジア関係資料

研究所は戦時体制にあわせて一九四〇年に改組された時期があった。四研究室（産業経済研究室、東亜経済研究室、産業心理研究室、経営研究室）が設置され、その中のひとつ、東亜経済研究室では、当時関心の高まっていた東アジアを研究対象として幅広く図書・資料の収集を行っていた。この東亜経済研究室所蔵資料を戦後に改めて整理・分類し、目録を一九九一年に刊行した。これにより当コレクションが研究資料として利用に供することが可能となった。その後、コレクションの一部を底本にして復刻版『満州中央銀行調査彙報』が二〇〇六年に雄松堂書店から刊行された。

(b)会社史

日本国内で刊行された会社史・経済団体史を中心に収集し、二〇一〇年九月現在で約六、三〇〇冊所蔵している。これらの資料は企業研究や企業人、あるいは業界研究のための経済・産業関係資料であり、また日本の産業史を調べるためにも貴重な資料といえる。

これらの会社史・経済団体史の資料は、産業分類別に分類し、会社名・経済団体順に整理されている。会社史や経済団体史の資料は非売品が多く、大学の各部局で寄贈を受けたものを産業研究所へ提供いただいている。

(c) ＥＵ刊行物資料・ＥＵ情報センター

本学は二〇〇五年からＥＵインスティテュート関西（ＥＵＩＪ関西）に参加している。これは本学と神戸大学、大阪大学の三大学からなるコンソーシアム事業で、ＥＵ（欧州連合）の行政機構である欧州委員会が助成する学術拠点として、教育研究活動を行っている。産業研究所はその事務局として学術交流業務を推進してきた。その関係もあって、駐日欧州委員会代表部ドキュメンタリー・リソースセンターが所蔵していたＥＵ官報を含むＥＵ刊行物資料が関西学院大学に寄贈された。この資料の中にはＥＵの前身であるＥＣＳＣ（ヨーロッパ石炭鉄鋼共同体）が発足した一九五二年からの資料が含まれており、国内でも所蔵機関が限られて、貴重な研究資料となっている。

その後、二〇〇七年に全国で一九番目、関西で四番目となるＥＵ情報センター（ＥＵｉ）に指定された。これはＥＵの行政機関である欧州委員会が一九六三年以来、世界中に展開する情報拠点で、ＥＵに関する情報を提供するために設けられたものである。欧州委員会出版局が発行するＥＵ官報 Official Journal、現行法令タイトル集 Directory of Community Legislation、条約、年次報告書、月例報告書、統計資料 Eurostat publications などのＥＵ公式資料や、各政策分野についての広報資料の提供を受けることができる。当研究所では代表部寄贈の資料、ＥＵｉ開設二〇〇七年以降の資料以外に、旧ＥＤＣ（ＥＵドキュメントセンター）であった兵庫県立大学から資料の寄贈を受けて、これらを併せて提供している。

ＥＵＩＪ関西発足がきっかけとなり、ＥＵ関係の資料を新たに所蔵することになったのである。ＥＵ情報センターは一般に公開されており、文献・資料の調査や

写真 3

質問に対応している（写真3）。

(7)　SAINTシステム

所蔵資料検索のためのトータル・ネットワーク・サービスとしてSAINTシステムを一九九五年度から構築した。これは当研究所が独自に作成・公開している各種資料の検索システムにアクセスできるサイトとしての機能があり、利用者に供している。SAINTは当産業研究所ホームページから入ることができる（図1）。

SAINTの中で公開している『リファレンスレビュー』は、当研究所が収集している産業と経済関係の論文記事や図書のタイトルを検索できるコンテンツサービスである。データーベース化は一九九三年から着手されており、学内の研究活動支援だけでなく学会、社会へ積極的に貢献することをめざして立ち上げたものである。毎年六回更新しており、現在約二六万件余のデータを記録している。

SAINTで検索できるものは次の通りである。

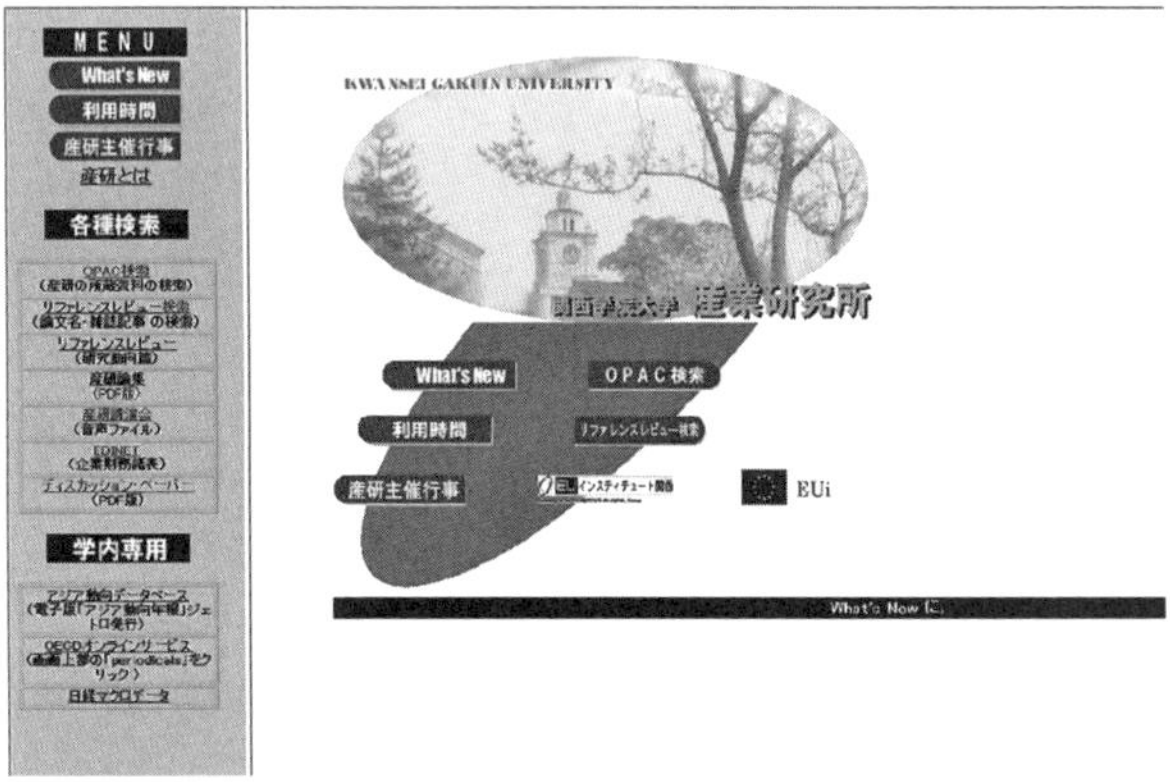

図1　産業研究所 HP
（http : //kgsaint.kwansei.ac.jp/sanken.html）

(a)ＯＰＡＣ検索

大学図書館ＯＰＡＣにリンクしているが、ＳＡＩＮＴでは所蔵館を当研究所に特定して所蔵している図書・雑誌の検索ができる。

(b)リファレンスレビュー検索・研究動向編

一九八四年から当研究所で受け入れている大学紀要や一般雑誌等の資料の中から、学術雑誌と図書（単行本を中心とする）について、経済と産業関係の論文記事や研究報告のタイトルを分野別に分類して収録したコンテンツサービスで、論文タイトルや著者名、雑誌タイトルからのキーワード検索ができる。収録誌はすべて当研究所で所蔵していることから文献を即時に入手可能である。

研究動向編はコンテンツを更新する毎に、収録している記事の中で話題になる論文や研究の紹介文を学内教員に執筆を依頼し、掲載している。

(c)『産研論集』・ディスカッションペーパー

当研究所に関わる研究活動で作成された中間稿をＰＤＦで全文掲載している。

(d)その他のデータベース（一部学内のみ利用可能）

一般に公開されているデータベースや当研究所が収集している統計データ資料、また当研究所が団体会員となり提供を受けているデータベース等にリンクさせて学内利用に供している。

(1) EDINET
(2) アジア動向データベース
(3) OECDオンラインサービス
(4) 日経マクロデータ

※日経メディアマーケティング社が発行する経済統計データを学内にあるサーバーで運用、公開している。

(8) レファレンスサービス

産業研究所は随時利用者からの利用相談に応じている。所蔵資料の検索方法等を窓口で対応するとともに、学部・大学院の演習担当者へ利用ガイドを送付し、当研究所でのオリエンテーションを希望に応じて行っている。ここでは資料紹介をはじめ、独自のデータベースのリファレンスレビュー検索の演習を実施し、資料検索や卒業論文資料収集に役立つ内容を提供している。

(9) 研究支援機能

(a) 共同研究

産業研究所長や学部教員、研究所教員らの学内教員を核として構成する共同研究プロジェクトチームを発足させて研究活動を行っている。研究員には学外からも加わっていただいている。常時三つのプロジェクトが活動を行っており、研究会の実施、研究成果の発表を一般に向けて随時実施している。プロジェクトは三年間の活動をめどに、研究成果を公表することを義務づけている。

最近の例としては、共同研究「地域の持続可能性についての研究」が山本栄一編著『「むらの魅力」の経済学：北海道の代表的風景・中札内村の研究』（産研叢書32）に、共同研究「企業と技術のイノベーションに関する総合的研究」が土井教之編著『ビジネス・イノベーション・システム』（産研叢書33）に、共同研究「企業と経済の日本・EU比較」が海道ノブチカ編著『EU統合の深化―市場と企業の日本・EU比較―』（産研叢書34）（二〇一一年刊行予定）に、それぞれ成果物として日本評論社から出版され、いずれも学内外の研究者が分担執筆の形式をとっている。

(b)『産研論集』

『産研論集』は研究所紀要として年一回発行、広く経済産業に関する研究成果を公表することを目的として刊行され、研究所教員や研究所関係教員の研究成果発表の場を提供してきている。『産研叢書』と研究所教員の執筆した著作に関する書評を学外者に依頼し、研究成果の外部評価として掲載している。その他、学内の大学院生にも発表の機会を提供し、応募論文を専門分野の教員が査読の上で掲載している。二〇〇五年度から企画論文として学内教員の責任編集のもと、特定のテーマのもとで学内外の研究者の論文を載せている。

(c)講演会・シンポジウム

当研究所における講演会活動は、研究所内の研究成果を社会へ還元を図るといった目的から、より多角的な視点で社会の関心事に応えるものへと変化してきている。テーマは多岐にわたり、学外での公開型講演会、セミナーは年一

○回以上、また首都圏での学術情報発信を行うべく、東京での講演会も毎年開催している。二〇〇七年からは本学の協定校である中国・吉林大学と共同で日中経済シンポジウムを開催し、日中間の学術交流、経済交流に貢献している。

(d)受託事業

外部資金獲得とともに社会連携事業を展開する目的で二〇〇九年度は関西生産性本部からの委託により、「生産性向上と雇用問題」の受託事業を行った。学内教員四名からなる研究グループが研究会やインタビュー、講演会、パネルディスカッション等の活動を行い、年度末には報告書を同本部に提出し、研究成果を本年度出版する予定である。

⑽ 最後に

当研究所は設立当初の商経学部の付属研究所の性格を受け継いで研究活動を行ってきた。しかし、二〇〇八年に規程改正を行い、社会科学系の学部・研究科から選出された教員が運営に関わることとなった。これによって、いままでより幅広く研究支援活動が展開されている。研究所だけでなく、大学が主催する学術関係行事の企画運営、国際交流に関わる研究活動支援、産学連携への取り組み等が加わり、研究所の業務が拡大した。また取り扱う研究課題もより学際的となり、行政、国際法、社会福祉等の様々な領域に広がっている。今後も機動性の高い研究所として様々な企画を運営できる体制を整えていくことが求められている。

産業研究所活動の一翼を担ってきた専門図書館としての資料収集・整理機能は大学図書館に引き継がれる予定であ

る。それに合わせ、今後は調査研究情報の提供機能を強化し、社会の変化に合わせて対応していかねばならない。研究成果、研究活動報告の迅速な配信や、従来から研究者へ提供してきたリファレンスレビューのような研究インフラの充実、さらにＥＵ情報センターとしてのＥＵ関係情報の一般への提供等を中心に、利用者へのサービスを考えていくことになるであろう。

参考文献

関西学院大学産業研究所『関西学院大学産業研究所六十年の回顧と展望』八千代出版株式会社、一九九五、二四四頁。
関西学院大学産業研究所『産業研究所六十年の回顧と展望』資料編補遺版（一九九五〜二〇〇四）。（『産研論集第33号』二〇〇六、九一—一〇八頁）
http://www.deljpn.ec.europa.eu/modules/network/eui/

2　リファレンスレビューと検索システムなど電子化への対応

所蔵資料検索のためのトータル・ネットワーク・システムとしてＳＡＩＮＴシステムを一九九五年度から立ち上げ、産業研究所が独自に作成・公開している各種資料の検索システムにアクセスできるサイトとして利用されている（詳細については1(7)参照）。ＳＡＩＮＴの中で公開している『リファレンスレビュー』は産業研究所が収集した産業と経済関係の論文記事や図書のタイトルを検索できるコンテンツサービスである。これは、産業研究所が開設当初から発行していた索引誌[1]から研究動向編・リスト編の二種類をＰＤＦ版で掲載。研究動向編はトピック的な内容の論文や研究の紹介文を掲載している。リスト編は最近二ヶ月間の文献をリスト化して掲載してきたが、53巻よりリスト編へのアクセス数減少のため休刊とし検索用データをサーバーに搭載することで省力化を図っている。

リファレンスレビューについて二〇〇五年一〇月よりアクセス数をカウントできるようになった。授業期間中は週一五〇～二〇〇のアクセス数を推移している（表1参照）。

電子化の状況では、利用者の利便を図るため、二〇〇二年から五年計画で図書資料業務のシステム化を進めた。二〇〇二年度から図書資料データ入力、二〇〇三年度から雑誌データ入力、二〇〇四年度から貸出・返却業務、同年度秋より大学図書館資料とのＯＰＡＣ横断検索へと進捗した。産研図書資料の遡及入力は二〇〇六年度で当初計画分について完了。この間には二〇〇五年五月より開始した東アジア関係図書資料の遡及入力も含まれている。この四年間

表1　リファレンスレビューアクセス数の推移

期　間	検索画面への月間アクセス数（件）	pdf 版へのアクセス数（件）	合計
2005 年10月－2006 年 3 月	2,934	532	3,466
2006 年 4 月－2006 年 9 月	2,856	753	3,609
2006 年10月－2007 年 3 月	3,319	670	3,989
2007 年 4 月－2007 年 9 月	2,435	658	3,093
2007 年10月－2008 年 3 月	2,657	496	3,153
2008 年 4 月－2008 年 9 月	2,048	450	2,498
2008 年10月－2009 年 3 月	2,657	496	3,153
2009 年 4 月－2009 年 9 月	2,474	341	2,815
2009 年10月－2010 年 3 月	2,591	341	2,932

の入力件数九三、九二八冊。入力完了にともない、ＢＭ階の産研書架は二〇〇七年四月よりほぼ全面開架となった。

二〇〇五年には駐日欧州委員会代表部図書室所蔵資料の寄贈を受けた。二〇〇六年度から移管資料の整理を開始、二〇〇七年度中に完了した。入力件数は図書三八九冊、雑誌一、九八一冊であった。二〇〇七年五月にＥＵ情報センターの指名を受けると同時に旧ＥＵ資料センターであった兵庫県立大学所蔵ＥＵ資料の移管を受け、代表部資料と合わせて二〇〇七年度から整理を開始している（表2参照）。

利用状況については、図書、雑誌資料の遡及入力完了と同時に書架を開架制にしたことで、利用者への利便性向上につながった。その結果、雑誌・統計資料は利用者自身で利用可能なため、利用者数として統計に反映されず、利用者数は全面開架制採用の二〇〇七年を境に約半数となった。しかしながら、図書・雑誌利用冊数は戻し配架冊数から推定すると半年で三、五〇〇件を越しており、資料の電子化が実質的な利用者数増につながったと考えられる（表2参照）。

表 2　受入資料数・利用者数の推移

年度		1995	1996	1997	1998	1999	2000	2001	2002
受入冊数	図書	1227	1848	1540	1365	1201	1350	1947	1206
	雑誌	1411	1434	1302	1150	997	12066	975	1132
	社史	72	34	119	84	46	124	66	53
	東アジア図書								
	東アジア雑誌								
	OECD								1820
	EU 資料								
雑誌タイトル数	日本語雑誌	965	1028	1035	1060	1110	1144	1165	1189
	外国語雑誌	103	107	107	110	111	115	117	117
利用者数	学生	2214	1304	2286	1791	1385	2281	2528	3387
	教職員	726	106	248	140	312	271	304	267
	合計	2940	1410	2534	1931	1697	2552	2832	3654
図書･雑誌利用冊数									

年度		2003	2004	2005	2006	2007	2008	2009
受入冊数	図書	1451	1790	1198	1392	1201	1080	852
	雑誌	1324	1764	975	764	811	667	809
	社史	37	48	35	51	29	64	46
	東アジア図書			2859	57			
	東アジア雑誌			636	68			
	OECD	733	819	116	815	1043	81	279
	EU 資料				1641	865	2368	874
雑誌タイトル数	日本語雑誌	1189	1204	1219	1229	1246	1247	1255
	外国語雑誌	117	120	121	121	123	123	123
利用者数	学生	2037	2398	1540	1815	669	818	710
	教職員	246	284	328	405	147	121	96
	合計	2283	2682	1868	2220	816	939	806
図書･雑誌利用冊数							3700	6918

注

（1）戦後一九五五年より『資料月報』、一九九一年からは『Reference Review』と改称。四七巻六号（二〇〇二年五月）で冊子体の発行を終了した。四八巻一号（二〇〇二年七月）からＰＤＦ版に変更。

3 コレクション紹介

(1) 会社史コレクションと私の研究

私の研究分野は、日本経営史と呼ばれる分野である。日本経営史の研究を進める際には、該当企業の業務日誌や帳簿類、また経営者の手記というような一次史料の発掘と分析が欠かせないが、さまざまな企業が刊行している社史は手っ取り早く企業や産業界の形成過程を知る資料として非常に有効である。それゆえ私は二〇〇一年に本学に移籍し、産業研究所に社史が豊富に所蔵されていることを知ったのちは、たびたび産研を利用させていただくことになった。

私は学生時代に恩師の安岡重明先生からご教示を受け、龍谷大学のもつ社史コレクション「長尾文庫」の存在を知り、同大に閲覧のために何度か足を運び、社史所蔵数の多さを羨ましく感じた記憶がある。本学産研の社史コレクションは龍谷大学のものほど所蔵数は多くないのかもしれないが、産研のほうの充実ぶりもなかなかのものである。この充実ぶりは、産研の七十五年という長きにわたる歴史の賜物であり、今に至るまで地道に社史を収集・保存されてきた関係者には敬服の念を抱かざるをえない。産研所蔵の社史は量の豊富さもさることながら、分類が業界別になっているこなども使い勝手の良さにつながっている。それらの資料を検索するには、かつては産研刊行による『社史・各種団体史目録』をまず参照する必要があったが、その後、産研所蔵資料も図書館ＯＰＡＣで一括検索できるようになったので、利便性はますます向上している。

豊富な産研所蔵社史の中でも、私は特に戦前期に刊行されたものを手にとって閲覧することが多い。日本経営史のなかでも、世界的にみてきわめてユニークな総合商社という企業がなぜ日本で成立したのかという問題に私は関心を持ち、最初の総合商社とされる三井物産にもっぱら焦点をあてて研究してきた。だからといって私は産研で三井物産の社史のみを閲覧してきたわけではない。三井物産は明治九（一八七六）年に設けられ、明治末には日本全体の貿易額の五分の一を超える量を取り扱うまでに巨大化した商社であるが、規模の大きさに比例して取引先もきわめて広範にわたった。戦前期に設けられたような長い歴史を有する企業の社史を閲覧していると、原材料の仕入れ、あるいは製品販売・輸出などで三井物産と取引関係をもったことが記述されている企業が多いことに気づかされる。そのような企業の社史をみると、三井物産の社史を読むときとは違って、三井物産を外部の視点で相対化する手がかりが与えられたように思われる。

当初はもっぱら社史閲覧の場として産研を利用していたが、利用するうちに、社史にとどまらず、種々の興味深い資料類が所蔵されていることを知り、利用の幅はますますひろがっている。最近、社史以外で興味深く感じている資料は、食料流通情報センター編『ニッポン人の暮らしの統計』『主婦の食生活ニーズ総合調査』というような消費者の実態調査・意識調査の類である。これは石川健次郎同志社大学教授の「ランドマーク商品の史的研究」の研究会への参加と大きく関係している。「ランドマーク商品」とは、まだ聞き慣れない言葉であろうが、「その商品が世に出て普及したことによって人々のライフスタイルが大きく変化するような商品」を指す。一見シンプルな概念であるが、ある商品の普及過程で人々の生活がどのように変化したのかを論証するのはきわめて難しい。高度経済成長期から最近にかけての消費者調査の類は、そのような研究でひとつの資料になりうると考え、しばしばその種の資料を閲覧することが増えた。ここ数年、私はゼミナールでもこの「ランドマーク商品の史的研究」をテーマとしているが、該当商品の開発経緯を知るために社史類を、また消費者のライフスタイルの変化を調べるために消費者調査の類を参照させるべく、ゼミの学生には産研の利用を薦めている。

このように、私のみならずゼミの学生を含めて産研を大いに活用させていただいているが、利用のたびに親切・丁寧に対応して下さる渋谷さんをはじめ職員の方々には感謝に堪えない。末筆ながら御礼申し上げる次第である。

（木山　実　商学部教授）

(2) 産業技術政策研究と産研EU-I開設までの思い出

①EUとの出会い

EUと出会って三八年が経過しようとしている。一九七二年初夏、カルティエ・ラタン騒動の余韻さめやらぬパリに降り立った。当時の私の研究テーマは、定量顕微鏡組織学。仏政府給費をいただきながらフランス鋳造工学研究センター（CTIF）で鋳鉄組織の定量化研究に従事していた。ある日、指導教官だった Margerie さんからISO（国際規格化機構）鋳鉄技術分科会に同行するよう言われた。そこにはイタリア、ベルギーなどから委員が来ていた。鉄鋼に関する標準化作業は欧州六カ国が集まって協議・作成する。これが、後にEUとなるECSCとの最初の接触となった。

②産業技術政策研究との出会い

一九八〇年、第二次石油ショック後の脱石油・省エネルギー政策への転換を踏まえて、八〇年代産業構造ビジョンが公表された(1)。八〇年代は日本企業にとって初めて経験する「海図なき航海の時代」となるとの基本認識に基づき、セクター別産業構造政策が放棄され、自前の科学技術による立国と国際的により開かれた産業政策が模索されることとなった。熊野英昭課長率いる産業構造課に三週間ほども課員全員で泊り込んで「八〇年代産業構造の課題と展望」原案を執筆した(2)。

③EUとの再度の出会い

日本と同様に石油資源を持たないEUは、単一市場統合を具体化するため、技術格差論に基づくEspritなどの情報技術開発プロジェクト、気候変動条約、標準化ニュー・アプローチなどの産業技術政策をやつぎばやに進めていた。私の出番である(3)。

一九八〇年当時はまだ千代田区三番町にあったEC委員会代表部Documentation Centre（資料室）へ赴き、官報資料、予算書などを読ませていただくことが続いた。当時から資料室に在籍しておられた市川さん（旧姓、清水さん）にもたいへんお世話になったことと思う。これがEUとの第二の出会いとなった。

④国際産業技術政策枠組の実現

七〇年代後半からの日本企業の集中豪雨的なEUへの輸出攻勢が政治的課題となっていた(4)。輸出主導型産業育成政策が他国に失業をもたらすターゲッティング・ポリシーとして強く非難された。通産省(5)大臣官房企画室は、一九八八年、こうした非難に対して「地球問題への日本の貢献を考える」研究会監修・協力による「大国・日本の役割（原題：世界の中の日本）」という答を返した。すなわち、日本の産業活動は世界の発展に貢献してはじめて尊敬されるものとなるとの考え方であった。輸出自主規制が発動され、日・ＥＵ間の貿易問題は下火になっていった。

同時並行的に進められていたＧＡＴＴウルグアイラウンド交渉が一九九四年にＷＴＯ設立にこぎつけ、ＧＡＴＳ、ＴＲＩＰｓ、ＴＢＴなどの国際産業技術政策の新たな枠組が明文化された。日・ＥＵ相互理解の深化が結実した結果である。

⑤EUIJ, Kansai Library 及び EU Documentation Centre, KGU

二〇〇四年春、神戸大学経済学部の久保広正教授からお話があり、二〇〇五年四月に EUIJ, Kansai が設立された。同年九月、関西学院大学図書館にＥＵＩＪ関西ライブラリーが開設された。その後、一九五二年のＥＣＳＣ設立当時からのすべてのＥＵ公式資料が関西学院大学産業研究所ＥＵ情報センター（EU Documentation Centre, KGU）に駐日ＥＵ代表部資料センターから移管された。

結果的に、一九八〇年当時のＥＣ委員会代表部資料室の機能が関西学院大学産業研究所においてそっくり再現されることとなった。ＥＵ研究者にとってこれ以上の科学的研究環境は望めない。さらなる日ＥＵ相互理解の深化が期待される。

※文中、人名については敬称を略させていただいた。

（中野　幸紀　総合政策学部教授）

注

（1）一九七六年、博士論文を執筆しながら公務員試験を受けて通産省に入省し、産業政策局産業構造課で産業構造ビジョンに関わる調査・企画を担当した。

（2）産業エコロジー研究、エネルギー需給構造分析、産業連関分析などを担当した。

（3）英国はＥＥＣに途中参加だったのでＥＣ官報などの資料はそのほとんどがフランス語で書かれていた。

（4）当時のエピソードの一つを紹介しておこう。一九八三年だったか、フランス政府が日本製ビデオデッキの集中豪雨的な輸出を阻止しようと、その輸入手続きを内陸にあるポワチエという小さな町の小さな税関事務所に一元化した。当時、ＥＮＡに留学していた私にとっても寝耳に水の話だった。さっそく、八方手を尽くして、この時の官報告示を手に入れてみた。「ビデオデッキの通関業務は○月○日からすべてポワチエ税関事務所で行う。」という、たった一行の文章だった。

（5）大臣官房総務課企画室で産業技術政策企画・調査業務に従事していた。

4 ユーザーの思い

(1) 杉原左右一 学長（商学部教授）

①産研のどのような資料を利用されます（ました）か。

②産研資料のどの分野をよく利用されます（ました）か。

（杉原）古い話になって恐縮ですが、僕は昔、経済分野研究者の誰よりも利用していたグループの一人ではないかと思います。昔の産研の建物で、当時は事務室の西田菅人さん、南昭二さん、来住元朗さん、田中力さん等にとてもお世話になりました。その頃から入り浸りで、院生の時から助教授くらいまでお世話になった数多くの思い出があります。

具体的には確率論・数理統計学、それからオペレーションズ・リサーチ（ＯＲ）、そういう分野ですね。経済学部に統計とか経営統計が研究分野で産研の所長になられた田村市郎先生がおられて、その田村先生を色濃く継いだ商学部の西治辰雄先生。西日本で研究者としての中心はこのお二人の先生で、図書や資料などの所蔵と共に、研究の場所として産研が重要な役割を果たしていました。産研には政府刊行物や企業の研究所の刊行物が全部あって、こんなに揃っているのは、当時僕の知っている限りでは神戸大学の経済経営研究所と関学だけでした。統計やＯＲは神戸大学より関学産研の方が揃っていて、僕らはその恩恵を受けていました。特に産研の命は統計資料で、これは非常に特徴的で他の大学からも閲覧に来られていたように思います。

③その資料は研究にどのように役立ちます（ました）か。

（杉原）それはすごく役に立ちましたよ。その当時西田さんが産研の所蔵資料をジャンルごとに整理した『産研月報』というのを出されて、最新の研究についてどこの大学でどんな人がどんな論文を書かれているかというのがそれを見ればすぐわかるんです。学会の動向も全部わかります。そういう意味で僕の研究は産研がすべてでした。特に統計とかＯＲとかは経営や会計とは性質を異にし、そういう分野の分析がなかったら科学的な分析はできないはずです。その辺のところをやっておられる先生が関学は強くて、研究所としての力がありました。図書・資料をすぐに大学内で見れるのは非常にありがたかったです。それに、例えば数学的な **Annals of Mathematical Statistics** とか **Journal of the Royal Statistical Society** とか特殊な文献は図書館になく産研にしかないんです。今でもＢＭ階でその資料を見ています。他大学には同じ資料はあっても全部は揃っておらず、うちの産研は僕らの専門分野に関しては図書・資料が全部揃っており、そこで生のデータも取れ、業界の動きもすぐに分かり、月報によって研究者がどういう研究をされているか最新の動向も手に入ります。

④産研資料の使い勝手のよさ（悪さ）はどのようなところですか。

（杉原）使い勝手がよいところは、産研に行ったら資料は全部揃っていることです。理論の本もありますし、分析しようと思ったらデータもあります。今でも分散しておらず、統計ということで言えば、理論的・計量的な研究をし、実証分析もし、研究会もでき、院生と一緒に教育・研究もでき、そういう意味ではすばらしい環境が今でもあると思います。

(2)　小林伸生　経済学部教授

①産研のどのような資料を利用されます（ました）か。

（小林）昔は英文の journal などを使っていましたが、今は工業統計とか国勢調査とか商業統計とか、主に統計資料が中心です。僕の場合はデータの計量的な分析から実証研究が中心ですので、統計資料を使わせてもらう機会が全体の八割から九割です。あとは日本語の雑誌、『金融ジャーナル』とか各協会や行革団体が出しているものを閲覧しています。

②産研資料のどの分野をよく利用されます（ました）か。

（小林）官公庁統計ですね。工業統計や商業統計、事業所企業統計調査、あとは地域経済を分析するのに国勢調査や地価公示のデータベースなども活用しています。

最近はパソコンでもウェブ上からダウンロードすることもできるので、ダウンロードしたデータベースをとっかかり的な意味で使うこともありますが、詳細なものは紙媒体で冊子で公表されているものや、ＣＤ－ＲＯＭ等でないと掲載していない場合があるので、紙媒体で見ることが多いです。紙で見て大まかに認識してからダウンロードに行った方がピンポイントで要所を押さえやすいという面があります。ダウンロードすると情報量が多すぎて、大量の要らないデータも一緒に付いてくるので、まずは最初に冊子を手に取ってブラウズしてからですね。ダウンロードばかり頼っていると、どこを見ればどの情報があるはずだ、という嗅覚が鈍ってくるので、昔のように紙媒体の冊子を山積みしてそこから紐解いていきながら必要なものを拾っていく、という作業をある程度残しておかないと、必要なデータを自分の視点で加工するという力が維持できなくなるような気がします。

③その資料は研究にどのように役立ちます（ました）か。

（小林）研究のベースになっていますので、大学にこれがないと手足がないようなものです。データを分析しながら実証研究を行うのが主体になりますので、資料が体系的にきちんと整備されているという状況は自分にとってなくてはならないものです。

④産研資料の使い勝手のよさ（悪さ）はどのようなところですか。

（小林）統計資料を筆頭に大学紀要や各業界の journal など資料が相当充実しているというのは、非常に使い勝手がよい、というかなくてはならないもの、空気のようなものです。昔に比べて改善されたと思うのはＢＭ階の閉架式書庫が最近は自分で自由に閲覧できるようになったことですね。あと、ウェブ検索がＯＰＡＣ検索と分かれていたのが五、六年前に統合されて非常に使い勝手がよくなりました。

一つ、使い勝手の面で問題があるとしたら、ＣＤ―ＲＯＭ媒体でしかデータが取れない時に気がついたら産研が閉室していたということが稀にありますね。理想を言えばきりがないのですが、授業が一八：三〇までなので一九：〇〇くらいまで開いていたら助かります。

あと、産研にはコピー機がコイン式しかないのでカード式のものをひとつ置いていただければと思います。

(3)　林亮輔　大学院経済学研究科博士課程後期課程三年

①産研のどのような資料を利用されます（ました）か。

（林）地方財政が専門ですので、税に関するものや地域経済に関する統計書が多いです。研究するにあたって長期的にデータを使用することが多く、過去のものから遡ってデータを取ることが多いです。最新のものはネットでもデータは取れるのですが、紙面で見る方がページをめくったり、データの扱いがしやすいので産研に足が運べる状態であればできるだけ冊子で見ます。

②産研資料のどの分野をよく利用されます（ました）か。

（林）地方財政の分野は専門が幅広くて、税のことや道路とか公園とか社会資本の研究もしていますので一番多いのは統計書です。現在博士後期課程ですが、論文を書くことが多いので産研の資料がないと大変です。

③その資料は研究にどのように役立ちます（ました）か。

(林) よく使う統計書以外に、論文もたくさん見ます。論文を書く上でまず産研で種になるような専攻研究をいくつかピックアップしてそれに基づいて自分の研究を発展させていますので、まず産研がないと困ります。長期的なデータはインターネットでは近年のデータは見れますが、過去の長期的なデータというものは産研しか手に入りませんので、BM階と三階を往復しながら見ています。図書館のウェブデータベースも使いますが、リファレンスレビューでキーワード検索して出てきたものが、すぐに手に取って見れるということでやはり産研は便利です。他のサイトの検索では大学紀要など現物がなくてタイトルまでしか見れないことがあって、タイトルだけではよくわからないこともあるので。産研の方がキーワードでヒットしやすいです。

④産研資料の使い勝手のよさ（悪さ）はどのようなところですか。

(林) 使い勝手が悪いところは三階とBM階に分かれているので、その往復が大変だということです。使い勝手のよいところは蔵書の量が多いこと。研究する上でなくてはならないところですのですごく助かっています。一つ改善していただけるとしたらやはり三階とBM階との往復ですね。エレベーターも遠いですし。僕は学部生の時からよく産研を使っていますので。

(4) 川戸尋士　会計研究会幹事長／商学部二年
関本圭佑　会計研究会渉内商研委員長／商学部二年

①産研のどのような資料を利用されます（ました）か。

（川戸）会計に関する論文が中心です。僕たちの活動は主に大会で出される論文について研究して討論会を行うのが中心なので、その論文のテーマに沿ったものを産業研究所でＯＰＡＣやリファレンスレビューを中心に調べて、主に会計に関する雑誌の記事や論文を読ませてもらっています。

②産研資料のどの分野をよく利用されます（ました）か。

（川戸）主に大学紀要や雑誌が多いですね。図書はあまりないです。

（関本）よく読む雑誌は『会計』とか『企業会計』とか、大学紀要が結構多いです。早稲田大学の紀要もよく手に取ったりします。

③その資料は研究にどのように役立ちます（ました）か。

（川戸）僕たちは論文を書くだけではなく、討論会に論者が一人立って質問をするという形式で行っています。テーマについて研究し、それについての質問を投げかける、といった研究活動が中心です。例を挙げると、学内討論会で、「会計目的のパラドックス」という論文があって、そのテーマが「財務報告のあり方」というものでした。会計の目的というものの根幹をもう一度しっかり研究していこうということで、会計の目的とは何なのか？というテーマで論文を見させてもらってその中でいろいろ面白いものがありました。

④産研資料の使い勝手のよさ（悪さ）はどのようなところですか。

（川戸）二〇〇三年以降のものは三階にあるけれども二〇〇二年以前のものになるといきなり地下になるのが不便で

す。見たい資料が、まだ二階にあればすぐに見に行けたりするのですが、地下まで行くのはちょっと離れすぎですね。

このあいだの「会計財務報告の目的」についての資料だと会計の根元の歴史の部分であったりするので結構古い資料とかが多かったです。

使い勝手のよさは、パソコンの検索時間が短くなるし、キーワードで検索できるので目的に合ったものがしっかりと探せるのがいいと思います。研究活動する分ではいろんな資料を幅広く読まないと考え方というのも一つ一つ違うので、そういう部分では助かります。

基礎の勉強は図書館の資料で、問題点を調べるとか質問を作る段階など研究を深めていくのは産研を使わせてもらっています。議題、論題についてそれぞれの論者の方がアプローチしていくという形を取っている論文などは産研を利用しています。

第Ⅲ部

研究所の運営

第Ⅲ部では、産業研究所の研究活動を支える運営について取り上げる。この部分が近年、最も大きく影響を受けた部分である。長く、そのあり方が研究所にとっての懸案であり、また一方で、研究機関としての実態を支え、活動の継続性を担保してきた専任教員はついに事実上、2008年度で廃止されることとなった。また、図書館との統合問題も、ついに動き出すこととなった。それらの経緯を踏まえながら、研究所の運営がどのように支えられてきたかを振り返る。

1

座談会「研究所組織の改革とその経緯」

司　会：小西砂千夫（人間福祉学部教授）
出席者：海道ノブチカ（商学部教授）、福井幸男（商学部教授）、伊藤正一（国際学部教授、座談会時は経済学部教授）、
渋谷武弘（産業研究所事務長）、石田文子（産業研究所事務室）
日　時：二〇一〇年一月一六日（土）一〇時～一二時
場　所：産業研究所会議室

（小西）今日は研究所組織のことについてお話を頂きます。研究所の位置付け、研究費、評議委員制度、研究員制度、事務組織等について意見交換をお願いします。図書館への資料移管問題というのが福井所長の時代のここ二年くらいで随分動きまして、今日はこの図書移管問題を中心にお話していただくことになるかと思います。資料の「産研図書資料の大学図書館移管についての記録」を参考にお話いただけたらと思います。最初の二〇〇四年三月までが土井所長時代、その次の二〇〇六年三月までが海道所長時代、その次の二〇〇六年四月から二〇〇八年二月までが伊藤所長時代、そして、二〇〇八年五月から現在までが福井所長時代です。福井所長時代が項目から言うと一番多くなっています。まずは海道先生に前史の部分、つまり伊藤所長にバトンタッチするまでの部分のお話をお願いします。

私からは、それよりも前の話をさせていただきます。新しい図書館を建てる時に、その前の状況は書庫問題がどうしようもないという状態で、私がこの研究所に来た時に、今持っている図書をどんどん捨ててから新しいものを買わなければあふれてしまう、というようなことが議論されていたんですね。新しい産研の建物をどう確保するかという目処が全くたたない中で、大学図書館の新築問題というのが出て、研究所はほとんど関わらないで図書館を建てるということが決まって、当時の武田建学長の裁定で、図書館を建てる以上は産研も一緒に入るということが出ました。そのとき図書館は非常に嫌だったと思うんです。その時は確か渋谷さんはまだ図書館ですよね（笑）？　図書館にしたら産業研究所はきっとお荷物だったと思うんです。やっと新しく図書館を建てることになって、また産研を連れていかないといけないのか、という感じだったと思うんです。産業研究所は新しい図書館を建てるということに対しては全く関与しなくて、当時の武田建学長に配慮してもらったという感じです。設計のところは私が関わりました。書庫の面積取りの話なんかを最後の最後までやったのを覚えています。そして、とりあえず今の形に落ち着きました。その時も、図書資料の一元化という話はあって、せっかく同じ建物に入るわけですから一元化して、図書館では経済学、社会学関係の資料は二階にあるので、産研をなんとか二階に作れないかというような話もしたと思うんです。でも、やっぱり二階には収容できないということで三階に上がって、図書館の資料と物理的にフロアが分かれたことで、資料の一元化というのはなかなかうまくいかなかったんですけれども、それがまずひとつです。

その後、図書資料をいずれは図書館と一元化するという話は断続的にあったんですね。断続的だったのは、ひとつは電算化が進まないということがあって、いつまで紙ベースでやっているのかという議論がずっとありました。電算化は、渋谷さんがうちの事務組織に加わっていただくまでは、ほとんど何も進んでいなかったんです。その後やっと進むようになって、当時の図書館は自分たちのシステムを作るのに精一杯で産研の資料なんか持ってくるなという感

じだったんですけれども、図書館の電算システムもやっと安定してきたところのタイミングで渋谷さんに来てもらって、うちの図書資料をOPACの中に入れていくということがやっと進みました。渋谷さんは何年に産研に来られたんですかね？

（渋谷）二〇〇〇年六月からです。ちょうどその問題に関しては、図書館のシステムそのものが新しいシステムに移行するということだったので、新システムに産研のデータも入れるひとつのチャンスで、それに乗っかっていったのです。

（小西）図書資料は研究所のアイデンティティということで、研究所として特化して図書資料は一元化するというのは僕なんかはずっと思っていたことです。しかし、歴代の評議員の先生はそうではなく、今井譲先生が一番最後の世代だと思いますが、亡くなられた杉谷滋先生などは図書資料はずっと持っているべきだという考えがあって、図書館機能は堅持する方向でした。電算化だけは二〇〇〇年くらいから進み出して、土井所長時代になった。土井所長は比較的合理的なご発想の先生だと思いますので、図書資料は一元化したほうがいいのではないかという方向で内部調整もしたんですけれども、うまくいかなかった。

平松一夫学長時代になって少しは雰囲気が変わり、この辺は海道先生は評議員になっておられるので覚えておられるとは思いますが、二〇〇三年度に産研図書資料の大学図書館移管の草案が研究所内で作成され、事務レベルで交渉があったけれども、産研会議で見送られた。ということは、産研会議では絶対に許してもらえなかったということです。そのタイミングで海道先生に所長に就任いただいた。その辺から大学執行部との関係が出てくるわけで、二〇〇四年から海道先生にちょっと思い出していただきたいと思います。

（海道）土井所長は移管を進めようと割合積極的な姿勢であったのですが、商学部の評議員が専門図書館としての機能は維持しないといけないという立場でした。私が四月から所長となり、図書館長とはまず、両方でどこに何があるか、検索がすぐにできるようにしようということで話を進めました。渋谷さんが二〇〇〇年に来られて電算化が進み、私の時にOPACで相互に検索できるようになりました。

（渋谷）はい。大学図書館と産業研究所の横断検索ができるようになったのは二〇〇四年九月からです。

（海道）リストを見ると、例えば『エコノミスト』は創刊号から揃っており、産研の方がバックナンバーが充実していることがはっきりとしました。産研の方が充実している点はかなり評価できると思いました。それからはあまり大きな動きはなく、前向きに両方でうまく利用できるようにしましょう、という形で動きました。

（小西）二〇〇四年の段階では、二〇〇四年三月に急激な統廃合の問題が上がって、それから一旦しゅんとなって、海道先生の時代では専門図書館としてできることをきちんとやりましょうということになりましたが、二〇〇四年四月に教員にとって一大事件が起きているんです。そこのところをひとつお願いします。

（海道）前の六十年史を読んでいただいたらわかるんですが、多くの方々が苦労をして産業研究所の教員のステイタスを作り上げて、そこに人を割り当てて、常に複数教員がいて研究を行っている、あるいは授業も行っているという形を作り上げてこられました。私が所長の時、二名の専任教員がおりましたが、お一人が転出されたときに補充が認められなかったのです。

（小西）あの時、石原俊彦先生の後任人事が大学評議会で受け入れられなかった。当時は平松執行部で、大学評議会に人事委員会を作りたいと持っていったら、大学執行部としては了解して大学評議会に上げたけれども、大学評議会から強い意見が出て、産業研究所の教員を埋めないという意見になりました。

（伊藤）どういう経緯があったんですか？

（小西）全体的に、研究所教員は専任職を貼り付けるのではなくて任期制のようなものにしてしまって、もっと教員は別のところに貼り付けるという意見だったようです。

（伊藤）私が思っていたのは、どうもずっと前から学長直属教員というのはなくすという方向で動いているというのですが、これは本当ですか？

（小西）それは我々が大学執行部の時（今田寛学長時代、小西は大学執行部の一員であった）もそういう雰囲気ですね。

（伊藤）現執行部ではむしろ直属の教員は増えているような感じがしなくもないのですが……。

（小西）図書についてはオンラインで連携しましょうという意味でいいんですけれども、教員については任期制以外は認められないと大学評議会で強い意見を受けて、直属教員はなくしていきましょう、今いる人が辞めたらもう補充はしません、という方向になりました。これが二〇〇四年秋で、二〇〇五年度になりますと、研究所、センター統合の提案が出てきまして、そこから先は海道先生、お願いします。

（海道）いくつかのセンターや研究所のひとつとして産業研究所が大学の一組織にぶら下がるというような提案だったので、産研は学長直属で教員もいるということをかなり言いました。

（渋谷）二〇〇六年三月の臨時大学評議会で唐突にこの統合問題が出てきたんです。

（小西）確か研究推進機構の下に産研がぶら下がる組織図であったと思います。

（伊藤）その試案というのは整ったんですか？

（海道）テニスコートに建物を建てて看板をずらっと並べるからそこに入れということでした。

（伊藤）私も言われましたね。

（渋谷）二〇〇五年度くらいからじゃないかと思います。二〇〇四年度の横断検索の時はまだ組織統合の話は出ていなかったです。

（小西）二〇〇五年度の年度末に統合案が出てきて、二〇〇六年四月に伊藤所長に代わって、ここから急激に動き出すんですよね。

（伊藤）私は間接的に聞いているだけですけれども、三月の大学評議会の時に案が出てきて、そこでは否決されたんです。ところがその記録がその案のまま残っていって、私も評議会に参加していませんでしたから、知らないうちに事が進んでいったわけです。私が所長になる直前、三月の中旬あたりに、「非常にまずい動きがありますよ、場合によっては産研はなくなるかも知れないです。そういう状況で所長になりますよ。」と言われました。あの時産研は、今おっしゃったような新しい研究所ができるからそこにぶら下げていけばいい、というような感じだったんですね。図書館側からもあれこれと言われましたが、話は全然平行線で事は進まなくて、六月くらいまで話合いはやっていたと思うんです。ところが、この時は聖和大学の問題があって大学との話合いが進まず、一一月か一二月くらいから話合いが始まったと思います。

（渋谷）記録では二〇〇六年一二月に大学執行部から産研規程の改正原案を出してくれという話が持ち上がってきたとあります。

（小西）どういう理由で規程改正をしてくれと言ってきたんですかね？　いきなり規程改正してねというのはありえないので。

（伊藤）私はこの時に大学執行部の方と三回、その件で話をしているんです。その時の話というのは、基本的に産研評議会を運営委員会に変えてほしいということでした。予算権や図書の集中配架など、あらゆることは変更なしということで。そして、現在は経済・商でもって評議委員会を構成していますが、社会科学系に拡大する方がいろんな協力を得るためにいいのではないかということを、個人的に前々から思っていましたから、そういった面で拡大するということと、産研評議会を運営委員会に名前だけ変えるということでした。三回のうち、一回目の時はたまたま経済学部長などもご一緒のときでしたので、こちらは安心して事を進めましょうということでやっていったんです。そして、名前を産研評議会から運営委員会に切り替えて、運営委員会のメンバーを経済・商から社会科学系に拡大しますということで、皆さんの了解を得て事を進めていったわけです。

ところがこのあと、二〇〇七年一月末に話をしたときには、産研の予算はあまりないというようなことでした。それはおかしいと思いましたが、その時は二月の日中経済シンポの準備でものすごく忙しくて、あまりそちらの方を考える余裕がなかったので、その時はこれでやめたんです。日中経済シンポが終わってから調べていただいたところ、四月の記録のところには前年二〇〇六年三月の大学評議会で否決されたことが記録として残っている。これはおかしいということで、その時から大学執行部と何回かやり取りをするんですけれども、交渉をする時には常に海道先生と二人で、海道先生がおられないときには渋谷さんと二人で、必ず一人を避けて二人でやることにしたんです。今から思えば私は要領がよくわかってなかったので、うまく相手のペースに乗ってしまったと思うんですね。外部の他の人の話を聞いていると、どうも評議会を運営委員会に変えた時点でおそらく予算権がなくなったと理解した人が多かったんですね。私はそのようなことを思っていなかった。当時は総研も同じような問題があって、そちらでも大学執行部と意思の疎通があったと聞いています。当時の平松学長の大学執行部のなかでも、先生方によって温度差はあるようでした。学長はあまり改革には乗り気ではなかったように、私たちは受け止めています。平松先生からはもうしばらく我慢してくれということで、事は運んでいったんですけれども、少なくとも大学評議会の記録は変えてもらって、予算権もあるんだということもちゃんと書いてもらいました。そのようなことが当時あったわけです。

(小西) 予算権がないとか、かなり思っていたことと違うことになりそうなところを一生懸命押し戻した、というのが二〇〇六年度の終わりごろでしたね。それから、規程改正を二〇〇七年二月にしているということですね。二〇〇六年度はかなり辛かったですね。

(伊藤) それはかなりストレスがあった時代です。当時は、学長に頼まれて日中経済シンポジウムをやって、第一回目ということでその準備が大変だったんです。来る予定の人が直前にキャンセルになったり、次の方もなかなか決まらず、職員の方々にも総動員で助けていただいたりしていた時に、私としては腹を立てたということもありました。

(小西) 手元の資料では二〇〇七年三月のところで、①産研図書の集中配架、②選書権の維持、③会費・予算等を産研につけること、を認めてもらった。それから、その下に大学図書館の事務側からの回答とあるのは①～③までです。

(海道) あと、産研規程の改正で二〇〇七年二月のところに書いてあるんですけれども、旧の3条2項の「調査研究に必要な図書及び資料の蒐集整理」というところが、大学執行部として改正を期待したところであると思います。これを盾に産研に図書は要らないということが、その後ずっと何回も出てくるのです。

(伊藤) 私個人の考え方としては、経済学部、商学部の教員、学生、院生にとっては集中配架というのは非常に便利なんです。私のゼミ生も院生も結構使うし、そういう意味では非常に貴重だし、便利だし、これをバラバラにされると困るというのがあります。ただ、雑誌の重複しているところは調整すべきだし、それはずっと考えていたわけですが……。

二〇〇七年四月に、新しい図書館長の下で、①二〇〇四年八月の文書へ立ち返ることについては、両者に異存なく了解、②分担保存に焦点を充て、事務レベルで検討を開始する、③大学執行部からは、規程が動き出す二〇〇八年四月までに移管が難しいとなれば、次年度予算のこともあり、七月までに財務へつながるよう報告の必要があると述べる、とこういった形で、冒頭のところはむしろよかったのかなと思うんですね。それからずっと図書館との交渉をやっていくわけですけれども、図書館側の考え方は全然動かない。多少何らかの妥協点があればいいんですけれども、その余地もなく進んでいった、このような印象が残っています。

次はEUiですが、協定書が調印されてEUの資料が産研に来たことは非常によかったと思います。それから、図書館の産研資料受入れ要件がメモで示される。

（小西）このメモは、全面的に図書館資料に移行してしまって、予算云々も含めて図書に関するものは産研そのものの機能とか存在をなくすというようなメモになっています。これで産研会議を六月、七月にやっていますが、いろんな意見がありました。二〇〇七年六月に事務連絡会議を開いていますが、基本的には受け入れられないというような案でした。資料の重複分の廃棄とか、そういった書架管理を図書館が行うことを基本的に断っているんですね。二〇〇七年一〇月の予算会議で財務部長から厳しい意見が出た。

（伊藤）この時、私はオブザーバーとして出ていますけれども、唐突に産研の話が出てきましたね。普通なら産研がこんなところで言及されないはずなんですけれども。

（小西）渋谷さん、ちょっと記憶をたどっていただきたいんですが、二〇〇七年一〇月に財務部に指摘を受けたのはどんな内容でした？

（渋谷）規程改正が二〇〇七年二月に大学評議会で行われて、それが一応承認されたということなんだけれども、そのあと産研が図書資料業務を続けているという情報が法人側に入っていたと思うんです。これはどういうことなのか？ということで事情聴取がありました。規程は改正になっているけれども必ずしも産研側はそのように動いていないということについて、部長の方からの質問でした。法人側は大学評議会の動きについては記録文書でしか確認できないという問題もあったので、そういうことで呼ばれたようです。

（小西）これで伊藤所長時代は終わりになりますが、特に二年目の動きを振り返っていただいて、伊藤先生のコメントをいただいてから福井先生に移りたいと思います。

（伊藤）二年目は規程を運営委員会に変えて、図書館との関係をずっと引きずる感じが続いていた記憶がありますね。図書館との話し合いがなかなか進まず、図書館側の考え方はほとんど変えられることなく事が進んできた感じです。二〇〇八年の二月に国際学部のG号館増築ということで、スペースがあるならここに動いていただいたら、EUの資料もありますし国際学部にとっては非常によかったんですけれども……。その時にはCIECからも、アジア開発銀行とか世銀の資料はどうですか？という相談も非公式にあったんですよね。この二つは今、神戸三田キャンパスにいってます。上ケ原では残っている土地が非常に狭くて、国際学部の建物も外枠はできていますけれども、ぎりぎりですよ。敷地いっぱいで、これから何か拡大しようもんなら無理ですし、学生が集まったり、お茶を飲んだりするスペースすらない。そんな状況なので、頭では考えて検討材料にしていたんですけれども、全然言い出せないまま話が終わってしまったということです。

（小西）では福井先生、お願いします。福井先生が所長になられて、いきなりいろんなことが急に動いてくるんですよね。もう私が知らないところですけれども。

（福井）そうです。小西先生が移籍されてからのことです。僕は所長になる前に商学部選出の評議員ということで伊藤先生からいろんな話を聞いていまして、その中で所長ということになりました。僕の時に運営委員会に変わり、それまでとメンバーがガラッと変わりました。商学部から三名選出が二名になって、僕と梶浦昭友先生、経済学部から野村宗訓先生と高林喜久生先生、この四人は大体気心がわかっていましたが、あとの四人が他の全く違う人で運営委員会を何回かやりました。伊藤先生が先程おっしゃったように、産業研究所も従来の経済・商だけではなく他の学部の人も入れるということで入れたんですけれども、考え方が違うんですね。僕は統計をやっていまして、統計と言いますと、田村市郎先生の資料・図書が大きくなって今の産研ができたということで、田村市郎の精神、「データをして語らしめる」ということを守らなければならないということで引き受けさせていただきました。その中で意見を聞いてみると、いろんな意見が出てきまして、僕が思っていたのとはちょっと違ったこともありました。例えばいま印象に残っているのは、運営委員会でこんな意見が出たんです。産研はカウンターが一八時半で終わっているけれども、図書館は二二時までやっています。どうして図書館でも借りれるようにしないのか？　その方がユーザーにとっては便利だ。それがひとつと、これからは書物だけではなく、どんどんデータベース化しているのでそちらに力を入れるべきだ、という意見も出てきました。僕がずっとやってきた頃とはだいぶスタンスが変わってきたということがありました。

それから、産研主体の日中経済シンポジウムもありましたし、産研主体のＥＵＩＪもいろんなシンポがありました。私は商学部ですけれども、商学部ではシンポをやる時には学部の支援がないんですね。事務的な支援はありますが。ここはいろんな支援ができるところで、例えば石田さんは英語ができるし、事務長は有力な相談相手だし、良きアドバイザーであるし、もっと学部と違うところを伸ばした方が産研の将来性もあるのではないかと思ったんです。田村市郎先生の時代からの図書資料を守るということも大事ですけれども、これからの時代は新しい一歩を踏み出すということも必要でないかと私は思っていました。先に結論を言いますけれども、図書館と喧嘩をしてずっと守っていくのもひとつのやり方ですけれども、早かれ遅かれいずれ誰かが結論を出す日が来るんではないかと思いまして、時期が早くなるか遅くなるかは別にして、一定の判断を下す必要があるんではないかと思っていました。その中で二〇〇八年五月に、細川正義副学長から、新しい規程のもとでは図書業務は産研から図書館に移すというのは決まっていることなので早く実行してほしい、ということを何度も言われました。こちらの方は、そうではなく、あれはいろんな経緯があって、産研の現状の配架を維持する、そして選書権も確保するということが前提でそれを認めたことで、表には出てないけれどもそれが条件で決まったことですと言いましたが、図書館の方も大学執行部もそれは知らないということで、膠着した状況があったわけです。

ところが、そういう状態で向こうも半年ほど放ったらかしになって、このまま私の任期中はいくのではないか、それならそれでいいかと思っていたのですが、突然二〇〇八年一一月に、座席数が足りないので大学図書館から産研三階図書資料エリアの改装工事申請が出されると言ってきたんです。これはどういうことかといいますと、大学基準協会では図書館では学生定員の一割の座席を確保するというのが認証基準の一つになっているので、今、雑誌や年鑑が並んでいる書架のところを何とかできないかと言ってきたわけです。この時、私は認証基準で一割ということについてインターネットでいろいろ調べたんです。うちは三田もありますけれども、これはキャンパスの一割ということです。例えば大阪の経済系の大学の図書館などは小さいので、全部開架ではなく閉架なんですね。座席数は結構ありますけれども、閉架の場合はまた評価が下がるんです。別の女子大では座席数が学生数の七～八％で、基準を満たしていませんでした。ということはどういうことかというと、一割基準というのは基準のひとつであって、それだけが絶対ではないということだったのですが、最初は、大学図書館から言われてこちらもまともにそれを受け取って、非常に危機感を覚えたということでした。

それで一二月一二日に、①産研の三階閲覧スペースを大学図書館の閲覧席にする、②産研の図書資料は大学図書館が管理することとし、当面はまとめた形で配架するが、いずれは大学図書館図書資料と一体管理する。大学執行部から出された文書にこれも入っていたと思います。それから、③産研図書費は大学図書館が支払い、管理する。学部と同じように発注権は認めるけれども、管理は図書館でやるということです。ただ、消耗図書は自由にやってください、とそんなことがここで出てきました。そして、今年に入りまして、昨年四月に森下洋一理事長から内部監査を受けて図書館とうまく妥協点を見いだすように、という勧告が出ました。

そして、五月の運営委員会の懇談会では業務移管についていろんな意見が出まして、いろいろデメリットもあるがメリットもあるんではないか？ということも出まして、私は、運営委員会が伊藤先生が所長をされていた時の経済・商だけのメンバーの頃とは違った感じがしました。そして、二〇〇九年六月に私の方から大学執行部に、産業研究所新規程を実行するためには図書資料の現状配架の維持と選書権、これが前提であるという立場の文書を送りましたところ、一二月一二日に図書館から、従来の主張からトーンダウンした回答文書が送られてきたわけです。そして、昨年五月一三日に出した文書に対して七ケ月後の一二月に大学執行部からきた文章というのは、「産業研究所の諸施設回収及び図書業務移管に関するお願い」です。①産業研究所諸施設について、二〇一三年度に上ケ原キャンパスの収容定員が一七、一三六名となることから、現在の一、六九八席では不足する。認証基準の一割を満たさない。そこで、大学といたしましても、このたびの産業研究所の図書業務移管に際し、別紙の斜線部分の産研閲覧室一五五席、これは図書館が勝手に計算をしたわけですけれども、これを閲覧席に変更することが必要であるということを言ってきました。二番目に産業研究所の図書資料について、私の方は現行配架を維持すること、と言ってきましたが、産業研究所が有しているごく一部の貴重な資料について、これはＯＥＣＤとかＥＵの資料とか会社史とかを、研究所のエリアの中に置いてくださいと言ってきました。それ以外については図書館が管理をするということです。三階に配架している図書資料については図書館内に当面まとめた形で配架する。ただ、将来的には図書館の資料として一括管理をしたい、というのが図書館の要望です。それから、産研の選書権を保証する、というのがありますけれども、今の学部と同じように選書権については産研に認めるということです。選書権については図書館が認めたということでこれは理解できるけれども、今はCD-ROMとかDVDとか日経NEEDSとかそういったものもありますので、それについても要望を出しました。配架場所については認められない。今までとは全く違うのでこれは同意できない、と答えました。一〇月には、僕だけではなく運営委員の高林喜久生先生にもお願いして一緒に出席してもらいましたが、①大学図書館閲覧室は現行大学図書館エリアで増席する。ということで、三〇〇席くらいは図書館の内部で増やされるそうです。②新図書館システムには引き続き産研の図書業務も運用する。これは、四年ごとの大学のシステムの入れ替えに応じて図書館のシステムも変わるのですが、その時には産研システムも今は図書館にぶら下がっていますから、産研もお願いしますということです。それから、最後のところの一〇月二二日に副学長と産研と図書館と三者会議をやりまして、①産研図書資料業務を大学図書館へ二〇一三年に移管するということ、②二〇一一年九月末までに移管についての具体的な内容や進行について打ち合わせをする、ということで私は認めて受け入れたわけです。図書資料業務を大学図書館に移管するということで新しい動きが出てくるわけですけれども、先程言った僕の個人的な考えと運営委員会の考え方もありますので、これで新しい研究支援機能、コンサルティング的なところで、できたら外部資金を導入して、産研の生き残りを図るというのが、ベストとは思いませんが、いずれ次の所長が決断をするとしたら今のうちしておいて新しい体制にしていく、準備しておく、苦渋の決断ですけれどもその方がいいのではないかと思って、僕はこの副学長裁定を受け入れました。以上です。

（小西）振り返っていただいて、それぞれの先生方はこの間の動きについて、どのようにお考えでしょうか？　学部の先生方の産研への見方も随分変わったと思うんですが。

（福井）経済・商四人の運営委員の先生がおられますけれども、一番熱心なのは高林喜久生先生なんですよ。彼はこのままにしてほしい、一連で全部見られるから便利だ、とゼミ生も連れてきて活用されているんです。商学部の梶浦昭友先生は、今の形よりメディア的にやるのが新しい方向だと何回か言っているんです。一昨年からこの議論が始まって、事務の人に雑誌の利用調査もやってもらったんです。閲覧して返本台に置かれた雑誌を調査すると利用度がある程度わかるので、雑誌の活用状況を半年間くらい取りました。それを見ると、実は田村市郎先生がずっと守ってきたあの伝統というのは、使う本は結構使われていますけれども、全然使われてない本も結構あるんです。三年に一回使われていればいいと言う人もあるんでしょうけれども、そういうものは東京の発行元の財団のところにお願いすれば取れるわけで、ずっと今のままこれを守っていくというのはどんなものかと思いました。重複のものはどんどん切っても、貴重な資料、たとえば、旧満州のものは活用がなくても守っていく価値があります。ここ一〇年、二〇年位のものは場所の問題もありますし、大学紀要なんかは僕の時代はできなかったですが、発行元にあるわけで、しかも最近はデータベース化していますから、ちょっと大胆な一歩かもしれませんが、そういった方向に踏み出すのも、この三年を考えたらいいのかなと思いますね。

（小西）商学部の今井譲先生は、産研の原型維持を強く言われるご意見の代表ではないかと思います。

（伊藤）大学紀要については今おっしゃったようにできますけれども、他に経営関係とか、ずらっと並んでいる統計資料についてはちょっと困りますよね。

（福井）あれはもちろん死守しますよ。あれは置いておいたほうがいい。

（伊藤）あと、紀要の中にも重複がない分があるでしょう？

（小西）ありますよ。紀要はほとんど重複してないです。

（伊藤）え、してないんですか！　重複しているんではないんですか？

（渋谷）経済学論究と商学論究は学外機関の研究雑誌と紀要交換しているんです。本来ならばそれぞれの学部事務室へ送られてくるものが、すべてうちに集まってそれを保管しているんです。

（伊藤）それならば経済・商あたりに了解を得ておかないと。

（海道）あと、必ずしもCiNiiに全部載っているわけではなくて、見ようと思ったら取り寄せないといけないものが結構あるのです。

（福井）今僕が言ったことは、今後の産研の蔵書をどう考えていくかについて、将来的な問題提起をしたわけで、実際は来年以降にまた調整してもらったらいいと思います。

（小西）重複してないものは廃棄しないでしょう？

（福井）基本はそうだと思います。今後新しい体制のもとで、慎重に協議されたらいいかと思います。廃棄するにも費用がかかります。例えを挙げますが、北浜に証券図書館があるんですが、そこは二年だけ置いて古いものは全部捨てているんです。北浜の一等地にありますから古いものは置かない。あれもひとつのやり方だなあと、実は個人的には思ってるんですけれども……。これからはどんどん増える一方なので、例えば製本しないとか何か方法があると思います。

（石田）大学図書館は大学紀要は製本をしなくなりました。まだ処分することはできないけれど、それを見越して製本をやめました。いずれは全国で一冊あれば良い時代がくると思います。

（海道）取り寄せるのに結構時間がかかるのが不便ですね。原稿を書いた時の確認で、ある一ページだけちょっと見たいと思う時に、ここに来たらすぐ現物があるのでとても便利なのですが……。

（伊藤）そういう意味では、研究者、あるいは学生の利便をいろいろと考えていただきたいですね。

（海道）日中経済シンポやらＥＵＩＪ等、外部から予算を取ってきてプロジェクトを生かしながら産研を盛り上げていくという方向は、産研がこれから進む方向としてはいいのではないかと思います。

（福井）ありがとうございます。

（海道）ただ、オーガナイザーというか中心になる方は大変だと思いますね。

（福井）海道先生はＥＵＩＪ関西の関学側のオーガナイザーですので、大変ご苦労されています。関西生産性本部からの委託研究を昨年秋に正式に産研が受けましたが、報告書の提出期限までに仕上げるのは大変と、最近私も実感しています。

（渋谷）産研規程が変わった後に、メンバーがほとんど入れ替わって、従来の経済・商二学部だけだったのがそれ以外の学部の先生方も入ってこられて、多様な意見が出てきて、必ずしも現行のサービスについて肯定的に見ている人ばかりではないということなんですね。

（伊藤）その辺の責任は私にありますね（笑）。

（海道）コンパクトに統計資料が一気に見られるという利便性はそのまま残してほしいですね。あと、あまり過去にこだわったらダメだと思うのですが、やっぱり九〇年以上の歴史があって、田村市郎先生の話ではないですが、たとえ三年に一回しか利用がなくても、それがあるということ自体が産業研究所の重みにもなるのではないかと思います。だから二本立てで、ひとつは福井所長が話されたプロジェクトの活性化と、もうひとつは基本的な貴重な資料はまとめて置いておくという方向を進めてほしいと思います。

（伊藤）先程おっしゃったように、かなり長い間産研は守りにかかった流れがあって、私の時は、評議会から運営委員会への名前の切り替えの意味を十分に理解していなかったということから、こういう形になってきた面もあります。あの時、大学執行部との意識の違いがあることがわかっていれば、また対応の仕方も違っていたと思うんです。でも、こういう流れになったということですね。

（渋谷）その当時大学評議会で論議をされていたのは、経済学部の学部長が根岸紳先生、商学部が梶浦昭友先生の時で、お二人とも産研の評議員を経済・商で固めるということは難しい、とそれぞれの口から出されていて、こちらの方にも伝わってきていました。結局、流れとしては他の学部の方々を加えてという風にならざるを得なかったと思うんです。ただ結果的に、すでに運用されて二年になりますけれども、以前と違って所長が委員に気安く相談できる雰囲気が薄らいでいくような感はありますね。

（福井）今までは産研の部外者だったこともあって率直な意見を言われるんですよ。先程のサービス時間の問題にしてもそうだし、想像もつかないことをおっしゃったりするんです。やっぱりアウトサイダーだった人の意見は、ひょっとしたら天の声かも知れないし、そうでないかも知れない。学内で生き残っていくため、組織を残すためには、譲れるところは譲っていかないといけないのかなあと思っています。例えば、荻野昌弘先生（社会学部教授）はこうおっしゃっています。「私のような外部の者が見ると、副学長案は決して不合理であると一概に否定すべきものとは思われません。現在産研の資料を利用しようとする時、図書館とは別に手続きをしなければならないため非常に不便です。というのも、産研の貸出時間が図書館と比べて限られているからです。また、わざわざ産研の図書のみ三階まで行かなければならないのはやや面倒です。私自身、このため産研の図書を借りることができないことがありました。この点から、図書は一括管理の方が個人的には望ましいと思います。特定の図書が産研に集まっていることは便利だということですが、これは一部の利用者を想定しているように思えてなりません。図書の一括管理と産研の研究とは別のことだと思われます。むしろ、図書館が一括管理する方が公共性が高まるように思いますがいかがでしょうか?」とこんな意見もありました。今まで経済・商の六人の先生でやってきた時とはだいぶ変わってきたと実感しました。

(渋谷) 中野幸紀先生のように、前に図書館の副館長をやっておられた方が委員になっておられると、図書館の立場に理解を示されることはありますね。

(福井) 中野先生が言うには「大学にとっては産研にしても図書館にしてもノンプロフィットセンターだ。そんなところに大学は満遍なくお金を渡したくはないんだ。介入するのは当然の方向で、そういう意味ではベースが同じところだ。双方でちゃんと相談しなさい。」とそんなニュアンスでおっしゃいました。とにかくいろんな意見が出てくるんです。まあ、足を引っ張るわけではないけれども、天の声のひとつかなあと思っています。

(渋谷) 図書移管の問題については私が産研に来た時から出てきたわけですが、最初大学図書館と話した時は、図書館側の言い分としては、移管する限りは図書館の分類に切り替えて、その作業は産研の方でやって、重複図書は除籍にしてから引き受ける、といった非常に受入側の立場が強い感じでした。段々状況も変わってきて、今は移管するにも、それなりに産研としては条件的にもいい状態の移管と受け止めてもいいかなと思っています。

(小西) ありがとうございました。本日は、図書館機能のあり方をめぐって揺れ続けた産研の歴史についてふり返っていただきました。そのなかで、いろいろなご苦労があったと思いますが、結果は福井所長時代に大きく転換することとなりました。それもよかったことと思えるように、引き続き、諸先生たちとともに産研をもり立てていきたいと思います。

2 研究所の運営

(1) 産研会議

産研会議は産業研究所規程に基づく運営のための正式な会議であり、所長が議長を務め、教授会に準じた定足数や、人事案件では三分の二以上の賛成を必要とする投票などが行われている。毎年度、定例的に開催されるのは三度程度であって、予算・決算、研究プロジェクトの発足、講演会企画などの承認などが主な議題であるが、所長や教員の任用などの人事案件や研究所のあり方に関わる重要案件があった場合には、臨時に開催されることも多い。

(2) 所長室会

産業研究所の運営は、一九八八年度の橋本徹所長までは、所長と事務局の打合せを中心に行われ、研究所教員は必要に応じて関わる程度であった。しかし、当時、書庫不足問題の解消や建物の新設、講演会の実施など運営に関する課題が山積しており、教員が主体的に関わる部分が多くなっていた。そこで、一九八九年度の高井所長のころから、所長、産研教員、事務局（事務長と主任）などからなるメンバーで所長室会が開催されるようになり、柚木学所長の頃から定期的に開催されることとなった。開催頻度はその後変わったが、運営に関する実質的な意思決定機関として機能するようになっている。所長室会の定例化は、研究所運営の近代化と産研教員の役割の明確化に大きく貢献した。

（小西　砂千夫　人間福祉学部教授）

3 専任教員制度

(1) 専任教員制度のあり方

産業研究所にとって、専任教員制度をどのように維持するかは長く懸案であった。当初は学部の兼任教員が中心で運営されていたが、研究所の運営を大切に考えると、研究所固有のスタッフが必要であるとの要請は当然のように出てくる。しかしながら、私立大学として学生のいない部署に専任教員を置く余裕はそれほどあるわけではない。常にその問題と直面してきた。

産業研究所の専任スタッフは、当初、学部教員との立場や待遇の違いに悩まされることとなる。研究者としての地位確保のために長く、苦しい時期をくぐっている。そのあたりは『産業研究所六十年史』に詳しい。一九八八年度に小西砂千夫が助手として就任する際には、研究所教員の教員としての待遇は、学部教員とまったく同じところまで改善されていた。研究費や個人研究室の確保、また産研論集などでの研究発表の機会の確保などもできていた。もっとも小西が任用されるに当たって、当時、空席であった教員の任用凍結の動きが背景にあるなど、不安定であったことには変わりがない。

小西が任用された当時の状況では、授業担当がまったくないということもあって、研究環境としては恵まれているが、同僚も少なく、決まった仕事もないといったところで、不安定に感じる部分も少なくなかった。もっとも産業研究所の内部運営では、まったく手つかずの課題が多く残されていたので、その改善に多くの時間を割くこととなった。その後、学部での講義兼担が行われるようになり、さらに小西は一九九六年度から経済学研究科の大学院担当教員を兼任するようになった。このように、研究所と学部・大学院で相応の役割が与えられることで、研究所教員としてのアイデンティティが強化されるようになった。一九九五年度に南昭二教授の後任として就任した石原俊彦助教授についても、同様に学部の担当課目を兼担している。一九九五年度に一部仮オープンした新しい研究所の施設とも相まって、研究所の活動が活性化するなかで、恵まれた研究環境を享受することができた。

専任教員制度の廃止までの経緯

一九九七年　十月　大学評議会にて、学長直属教員枠について、一九九七年時の枠で凍結することとなり、産研教員は二名のままとすることが決まる。

二〇〇四年十一月　石原教授が専門職大学院経営戦略研究科へ移籍することになり、その後任を産業研究所で選考し、候補者を大学評議会へ推薦するが、二〇〇四年一二月の大学評議会で審査委員会を設けることを否決。

二〇〇五年　四月　石原俊彦教授が専門職大学院経営戦略研究科へ移籍。

二〇〇五年十二月　石原教授の後任に、ホルガー・ブングシェ准教授の採用（ＥＵＩＪ関西事業目的で任期制Ａ）について、大学評議会で承認。

二〇〇六年　三月　大学評議会で研究所・センター統廃合提案があったが、専任教員（研究員）は配置しないことのみ承認され、統廃合については継続審議となった。
二〇〇六年　四月　ホルガー・ブングシェ准教授が任期制教員として産研教員となる。
二〇〇七年　二月　大学評議会にて、産業研究所新規程が承認される。なお、記録について、三月で一部修正文言が入る。新産研規程は、二〇〇八年四月に施行。
二〇〇七年　四月　小西砂千夫教授が社会学部へ移籍（二〇〇八年度から人間福祉学部へ）。
二〇〇八年　四月　産業研究所新規程が発効。第4条で、従来の「教員若干名」は、「研究員若干名」（学内教員の兼任）となる。
二〇〇九年　四月　ホルガー・ブングシェ准教授が商学部へ移籍（二〇一〇年度から国際学部へ）。
二〇一〇年　四月　産研教員が不在となる。ＥＵＩＪ関西講義科目については、二〇一〇年度はブングシェ准教授が引き続き担当する。

ところが、小西・石原の教員が新しい研究科、学部の設置に伴って移籍が相次いで決まるなかで、その後任人事を凍結し、教員枠を設けないこととなった。その背景には、大学直属教員の処遇が難しい問題として浮上し、その枠を撤廃する方向で学内の調整が進んだことがある。産業研究所教員だけでなく、スポーツ・健康科学の教員枠を減らした上で、二〇〇八年度には人間福祉学部に配属している。
二〇〇五年度から石原が専門職大学院経営戦略研究科に移籍するに伴って、産業研究所としては、後任人事を進めていたが、大学評議会で任用自体を否決される事態となった。専任教員として後任人事を進めることができず、やむなく二〇〇六年度からＥＵＩＪ関西事業のためとして、任期制教員Ａとしてホルガー・ブングシェを任用している。その後、小西が人間福祉学部への移籍を前提に、二〇〇六年度で産業研究所教員を退任し、二〇〇九年度からブングシェも国際学部への移籍を前提に移籍したことで、産業研究所専任教員が不在となり、二〇〇八年度の産業研究所規程改正もあって、専任教員の歴史に幕が閉じられることとなった。

(2)　産業研究所教員として

産業研究における教員とは、楽しくもまた寂しく、恵まれた環境にありながらも、難しい状況であった。南昭二教授までは、地位向上のための歴史があったが、その後は、研究所の運営に積極的に関わり、ときの所長を補佐し、共同研究の事務局的な役割を果たしつつも、講演会などの企画をだしていくことが仕事となった。小さな組織であり、役割分担も必ずしも明確でないことから、事務組織や所長などとの人間関係をうまく取り結び、楽しく研究が続けられる環境を構築することが求められた。

共同研究ではさまざまなテーマが設定され、そのなかで専任者として、恥ずかしくない成果を残すことが求められる。そのために未知の分野でも器用にこなす必要があった。図書館に隣接した恵まれた研究環境はすばらしいものであったが、その反面で外の世界とのつながりをもたないと、学部のように学生に対処するという大きな役割がないだけに、学内で必要とされている人材であるとの確信を持つことが難しく、一種の孤独感に悩まされることにもなる。小西の場合には、一九九六年度から五年間、学長補佐に任用されたこともあり、大学全体の枠組みから産業研究所を客観的に見つめることができた。また大学院教員として別の立場も与えられた。それらが孤独感を払拭することに大きく役立った。また、昇任などの人事は学部の規定に準じた基準で行われ、産研会議の下に設けられた審査委員会などで業績審査を受けている。

産業研究所教員は魅力的なポジションであったが、その反面、そこで希望を持って楽しく研究活動を続けるには、大学教員としてさまざまなものが求められるところがあった。そのポジションがなくなったことはたいへん残念なことであり、研究所の今後の運営に影を落とすことにならないか、懸念されるところである。

（小西　砂千夫　人間福祉学部教授）

第 Ⅳ 部

資料
1995.4〜2010.3

1

年表（教員人事・研究・出版・講演会など、評議員・職員など）

産業研究所年表（1995年（平成7年）4月～2010年（平成22年）3月）

年度	学長	所長	人事・研究・出版・講演会など	大学・評議員・職員・その他
1995年 （平成7年）	柚木学	小西唯雄	4 石原俊彦助教授が就任（1995. 4–2005. 3） 4 小西砂千夫助教授が経済学部、法学部、社会学部、石原俊彦助教授が商学部の兼担助教授に 4 共同研究「産業と企業の経済学」がスタート 9 森泰博編著『物流史の研究－近世・近代の物流の諸断面－』（産研叢書19、御茶の水書房）を刊行 10 新産業研究所第1期が仮オープン 10 秋季産研講演会「岐路にたつ日本経済」（3回） 11 同上「日本経済の課題と展望」（3回） 11 第1回産研セミナー〈千刈キャンプ〉「関西経済と震災復興」 3 南昭二教授が定年退職（1958. 4–1996. 3） 3 小西唯雄所長が退任	4 職員：塚本美幸*（1995. 4–1998. 7） 堺利江*（1995. 4–1995. 5） 6 職員：松尾忠雄事務長転入（1995. 6–2004. 3） 細野洋一郎主事転入（1995. 6–1999. 5） 田中力事務長が主幹に任用

年度	学長	所長	人事・研究・出版・講演会など	大学・評議員・職員・その他
1996年（平成8年）	柚木学	森泰博	4 森泰博商学部教授が所長に就任 4 共同研究「アジアの都市国家シンガポールの総合的研究」がスタート 6 春季産研講演会「公的介護保険は高齢社会を救うか－地方分権による未来社会の構図－」（3回） 7 杉谷滋編著『アジアの近代化と国家形成－経済発展とアジアのアイデンティティ－』（産研叢書20、御茶の水書房）を刊行 10～11 秋季産研講演会〈1回は神戸三田キャンパス〉「日本経済の活性化とベンチャー・ビジネス」（4回） 11 第2回産研セミナー〈千刈キャンプ〉「飛躍する微笑みの国タイと日本企業・開発援助」 12 産研ジャーナル　No.12を発行 3 大学図書館グランドオープンに伴う閉室措置	4 評議員：長岡豊、鈴木多加史、土井教之、町永昭五、丸茂新、森泰博 6 職員：能川悦子*退職（1993. 2–1996. 6） 7 職員：吉田芳*（1996. 7–1997. 8） 12 職員：山田育代*退職（1993. 10–1996. 12） 2 職員：宮家典子*（1997. 2–2009. 12） 3 職員：田中力主幹定年退職（1978. 6–1997. 3）
1997年（平成9年）	今田寛	森泰博	4 共同研究「都市交通のルネッサンス」がスタート 6 春季産研講演会「関西の交通を考える－近代化から高度化へ－」（3回） 7 深津比佐夫編著『変革期の企業システム』（産研叢書21、御茶の水書房）を刊行 7～9 大学図書館グランドオープンに伴う閉室措置 10 大学図書館グランドオープン 11 秋季産研講演会〈1回は神戸三田キャンパス〉「日本経済は滅びず－活力の源泉を探る－」（4回） 11 第3回産研セミナー〈千刈キャンプ〉「産業としてのマスコミに未来はあるか」 3 森泰博所長が退任	12 職員：阪上真紀*（1997. 12–1998. 3）

1998年（平成10年）	今田寛	西田稔	4 西田稔経済学部教授が所長に就任 小西砂千夫助教授が教授に昇任 4 共同研究「サービス・エコノミーの構造、行動とその展開」がスタート 6 春季産研講演会「官僚支配を越えて日本型経済システムを再構築する」 6 小西唯雄編著『産業と企業の経済学』（産研叢書22、御茶の水書房）を刊行 11 秋季産研講演会「阪神文化が生み出す新産業」 秋季産研講演会〈神戸三田キャンパス〉「民都『大阪』VS 帝都『東京』」 11 第4回産研セミナー〈千刈キャンプ〉「産業としての福祉－介護保険時代の到来にあたって－」	4 評議員：西田稔、森本好則、土井教之、森泰博、杉原左右一、海道ノブチカ 4 職員：増田美麗*（1998. 4－現在） 9 職員：上田和賀子*（1998. 9–1998. 10） 11 職員：宇夫（旧姓・井原）礼絵*（1998. 11–2003. 6）
1999年（平成11年）	今田寛	西田稔	4 小西砂千夫教授が経済学研究科博士課程前期課程指導教員に任用 4 共同研究「ベンチャーおよびイノベーションに関する総合的研究」がスタート 6 春季産研講演会「日本経済の可能性を拓く NPO」 11～12 秋季産研講演会「日本経済を再生するベンチャー企業の活力」（3回） 12 第5回産研セミナー〈千刈キャンプ〉「産業としてのスポーツ」 12 杉谷滋編著『シンガポール－青廉な政府・巧妙な政策－』（産研叢書23、御茶の水書房）を刊行 3 西田稔所長が退任	5 職員：細野洋一郎主事転出（1995. 6–1999. 5）

年度	学長	所長	人事・研究・出版・講演会など	大学・評議員・職員・その他
2000年（平成12年）	今田寛	今井譲	4 今井譲商学部教授が所長に就任 石原俊彦助教授が教授に昇任 4 共同研究「アジアの金融危機」がスタート 6 春季産研講演会「生命科学とビジネス」(2回) 9 丸茂新編著『都市交通のルネッサンス』（産研叢書24、御茶の水書房）を刊行 11 秋季産研講演会「日本財政は破綻する」 11 第6回産研セミナー〈千刈キャンプ〉「アジアで働くプロフェッショナルになる」	4 評議員：森本好則、土井教之、西田稔、深山明、海道ノブチカ、今井譲 5 職員：比留井弘司主任転出（1994. 6–2000. 5） 6 職員：渋谷武弘　主任として転入（2000. 6－現在） 3 職員：小林民子主事定年退職（1992. 6–2001. 3）
2001年（平成13年）	今田寛	今井譲	4 小西砂千夫教授が経済学研究科博士課程後期課程指導教員に任用 4 共同研究「EUの企業と経済」がスタート 6 春季産研講演会「ジャーナリストはこうみる－世界経済・日本経済・関西経済－」(3回) 8 鈴木多加史・西田稔編著『サービス・エコノミーの展開』（産研叢書25、御茶の水書房）を刊行 11 秋季産研講演会「特殊法人改革のあり方を考える」 12 第7回産研セミナー〈千刈セミナーハウス〉「海外でキャリア形成をする」 3 今井譲所長が退任	4 職員：河野恵美子**（2001. 4－現在） 6 職員：池永章一副主査転入（2001. 6–2004. 3）
2002年（平成14年）	平松一夫	土井教之	4 土井教之経済学部教授が所長に就任 4 共同研究「東アジアのビジネス・ダイナミックス」がスタート 4 iLiswaveシステムでの図書資料データ入力開始	4 評議員：土井教之、西田稔、伊藤正一、今井譲、水原凞、杉原左右一 4 職員：渋谷武弘主任が事務長

			6 春季産研講演会「食品は大丈夫か－消費者利益保護のあり方を考える－」 7 土井教之・西田稔編著『ベンチャービジネスと起業家教育』（産研叢書 26、御茶の水書房）を刊行 11 秋季産研講演会「企業倫理を問う！」（3 回） 12 第 8 回産研セミナー〈千刈セミナーハウス〉「阪神タイガースをまじめに経済学する」 2『ベンチャービジネスと起業家教育』が平成 14 年度中小企業研究奨励賞（経済部門／本賞）を受賞	に昇任 松尾忠雄事務長が主幹に任用 池永章一副主査が主任に昇任 3 職員：伊藤よしの*退職（1992. 10–2003. 3）
2003 年（平成15年）	平松一夫	土井教之	4 共同研究「新規事業の育成とコミュニティー・ビジネス」がスタート 4 小西砂千夫教授『地方財政改革論』で日本地方財政学会第 3 回佐藤賞受賞 5 東京講演会「戦後を越える地方自治の新しいうねり－現場で格闘する日本の構造改革－」（3 回） 6 春季産研講演会「現場から考える小泉改革のゆくえ－改革者・証言者が語る日本の構造改革－」（3 回） 10 今井譲編著『アジアの通貨危機と金融市場』（産研叢書 27、御茶の水書房）を刊行 11 大学主催東京オフィス開設記念講演会〈東京会場〉「構造改革の構想力－地方自治の創造と破壊－」（3 回） 11 秋季産研講演会「関西経済の再生と課題」（3 回） 3 土井教之所長が退任	4 職員：佐藤恵美*（2003. 4–2007. 9） 7 職員：田中由季*（2003. 7–2005. 5） 3 職員：松尾忠雄主幹定年退職（1995. 6–2004. 3） 池永章一主任転出（2001. 6–2004. 3）
2004 年（平成16年）	平松一夫	海道ノブチカ	4 海道ノブチカ商学部教授が所長に就任 4 共同研究「EU 拡大と企業経営」がスタート 5 ドイツ・ヴィッテン／ヘルデッケ大学経済文化比較研究	4 評議員：土井教之、伊藤正一、野村宗訓、今井譲、杉原左右一、海道ノブチカ

年度	学長	所長	人事・研究・出版・講演会など	大学・評議員・職員・その他
			所と学術交流協力に関する協定書を締結 7 深山明編著『EU の経済と企業』（産研叢書 28、御茶の水書房）を刊行 9 大学図書館オンライン目録と産研目録横断検索可能に 10 東京講演会「地方交付税発足 50 年、制度の持続可能性を問う」（5 回） 12 秋季産研講演会・産研創設 70 周年記念企画「この国に希望はあるのか－立ちはだかるもの・変えていけるもの－」 3 ウエイクアップ関西シンポジウム・産研創設 70 周年記念企画〈大阪会場〉「小泉改革の向こうに自律する地方は見えるか」 3 石原俊彦教授が経営戦略研究科へ移籍	4 職員：山崎誠主任転入（2004. 4–2005. 5） 井上麻衣＊＊（2004. 4–2007. 7）
2005 年（平成17年）	平松一夫	海道ノブチカ	4 共同研究「地域の持続可能性についての研究」がスタート 4 iLiswave システムでの図書貸返システム稼動 6 BM 階日本語雑誌書架を開架式に（後、その他書架も逐次開架式に） 9 EU インスティテュート関西調印（神戸大学、大阪大学、関学）・産業研究所が関学事務局に 10 東京講演会「地方分権改革・三位一体改革の文脈と今後」（2 回） 11 産研講演会「企業と社会の現代的な関係－コーポレートガバナンス、CSR を中心として－」 2 北海道分権セミナー「北海道の自治の課題をともに考える－合併新法下での市町村合併のあり方、行政評価を取	5 職員：山崎誠主任転出（2004. 4–2005. 5） 6 職員：石田文子副主査転入（2005. 6－現在）

			り入れた自治体経営システムの構築－」(2回) 3 伊藤正一編著『東アジアのビジネス・ダイナミックス』(産研叢書 29、御茶の水書房) を刊行 3 海道ノブチカ所長が退任	
2006年(平成18年)	平松一夫	伊藤正一	4 伊藤正一経済学部教授が所長に就任 4 ホルガー・ロベルト・ブングシェ氏を産業研究所助教授として採用 4 共同研究「企業と技術のイノベーションに関する総合研究」がスタート 6 学術講演会「中国の現状と課題－米国の見る中国、日本の見る中国。－」 7 福井幸男編著『新時代のコミュニティ・ビジネス』(産研叢書 30、御茶の水書房) を刊行 8 北海道分権セミナー「北海道の自治の課題をともに考える－財政危機下での地方財政制度の行方と克服のための予算編成手法－」(2回) 9 EUIJ 関西科学技術政策ワークショップ〈大阪梅田キャンパス〉「欧州研究開発政策の社会的インパクト」 10 秋季産研講演会「最近の中国の自動車市場動向と私のビジネス経験」 11 東京講演会「地方財政制度の行方と破たん(再生)法制のあり方」(2回) 11 EUIJ 関西国際シンポジウム「EU と日本におけるコーポレート・ガバナンス」 12 シンポジウム〈大阪梅田キャンパス〉「総合商社に関するシンポジウム－『現代の総合商社』出版記念－」	4 評議員：土井教之、伊藤正一、野村宗訓、海道ノブチカ、福井幸男、小菅正伸

年度	学長	所長	人事・研究・出版・講演会など	大学・評議員・職員・その他
			2 日中経済シンポジウム〈大阪会場〉「日中経済協力のあり方：企業の視点から」(2 回) 2『新時代のコミュニティ・ビジネス』が平成 18 年度中小企業研究奨励賞（経営部門／本賞）を受賞 3 沖縄分権セミナー「沖縄の自治の課題をともに考える－沖縄自治体経営の課題を克服するために－」 3 小西砂千夫教授が社会学部へ移籍	
2007 年 (平成19年)	平松一夫	伊藤正一	4 共同研究「企業と経済の日本・EU 比較」がスタート 5 駐日欧州委員会代表部から日本における 19 番目の EU 情報センターの指定を受ける 8 北海道分権セミナー「北海道の自治の課題をともに考える－地方分権改革が進むなかでの財政危機の克服－」 9 EUIJ 関西ワークショップ〈大阪梅田キャンパス〉「ヨーロッパ自動車産業の新発展」 10 東京イノベーション講演会「グローバル時代の企業のイノベーション戦略」(4 回) 10 学術講演会「中国の対外経済政策の現状と展望」 10 東京講演会「地方分権改革と連帯する社会のすがた」 11 関西イノベーション・フォーラム〈大阪会場〉「イノベーションと企業改革－大企業と中小企業の連携－」 1 北海道分権セミナー「地方財政健全化法への対応」 3 Certificate Programme　学部生のコロキアム及び、大学院生・学部生修了式を関学で開催 3 海道ノブチカ編著『EU 拡大で変わる市場と企業』(産研叢書 31、日本評論社）を刊行	8 職員：木下裕加子**（2007. 8－2010. 3）

			3 伊藤正一所長が退任	
2008年（平成20年）	杉原左右一	福井幸男	4 福井幸男商学部教授が所長に就任 4 新産業研究所規程が発効 4 共同研究「関西経済と景気循環指数に関する総合的研究」がスタート 6 日・EU フレンドシップウィーク開催（以後、毎年開催） 7 EUIJ 関西国際シンポジウム〈大阪梅田キャンパス〉「EU における標準化と知的財産－経営戦略と公共政策－」 7 春季産研講演会「香港経済について」 9 第2回日中経済シンポジウム〈吉林省〉「日本関西地域と吉林省の経済協力について－企業協力を中心に－」 10 講演会「家電ビジネスに見る『世界の工場』中国の実情」 11 講演会「プーチン・メドベージェフ双頭政権のエネルギー戦略」 11 講演会「地域の福祉力、福祉の地域力の新たな担い手－ソーシャル・ビジネスへの役割期待－」 1 東京講演会「地方分権改革と道州制論議のあり方」 3 山本栄一編著『「むらの魅力」の経済学：北海道の代表的風景・中札内村の研究』（産研叢書 32、日本評論社）を刊行 3 ホルガー・ブングシェ准教授が商学部へ移籍	4 運営委員：荻野昌弘、原田剛、高林喜久生、野村宗訓、福井幸男、梶浦昭友、中野幸紀、加藤徹 6 職員：清水京子*退職（1992. 7–2008. 6） 7 職員：茂木寿枝*（2008. 7–2009. 3）

年度	学長	所長	人事・研究・出版・講演会など	大学・評議員・職員・その他
2009年 （平成21年）	杉原左右一	福井幸男	4 共同研究「アジアにおける市場性と産業競争力」がスタート 4 東京講演会「国際会計基準（IFRS）のアドプションと会計教育・研究の課題」 4 研究会「日本経済再生への具体的成長政策の基本構想を考える－政府紙幣論争の白熱化が意味するもの－」 6 研究会「フランス企業のワークライフバランス政策」 7 講演会「香港－アジアの世界都市、グローバリゼーション時代での経済と役割－」 7 研究会「アジア各国の市場性と産業競争力」 8 シンポジウム『「むらの魅力」の経済学：北海道の代表的風景・中札内村の研究』出版記念企画報告〈北海道会場〉 9 第3回日中経済シンポジウム〈大阪会場〉「日中経済協力のあり方：産学官連携の視点から」 9 土井教之編著『ビジネス・イノベーション・システム－能力・組織・競争』（産研叢書33、日本評論社）を刊行 10 講演会「方法としてのインド－市場、生産、協力－」 11 EUIJ関西国際シンポジウム「EUと日本における企業の社会的責任（CSR）」 12 研究会「アジアの市場と産業競争力」 3 パネルディスカッション〈大阪梅田キャンパス〉「生産性向上と雇用問題」 3 福井幸男所長が退任	5 職員：名川恭子*（2009. 5－現在） 2 職員：頴川昌子*（2010. 2－現在）

*アルバイト職員　**派遣社員

2 出版物の記録

(1) 産研論集

第二三号（一九九六年三月）

南昭二教授記念号

〔論文〕

官僚制組織と経営管理体制……奥田　幸助

相互浸透期の対外直接投資—その実状と理論—……亀井　正義

研究開発の国際的展開
—IBM社のグローバルR&Dシステムを中心として—
……林　倬史

ベトナムの経済改革……杉谷　滋

中小企業と国際戦略提携……藤沢　武史

税の合意学
—日本の税制の現状をどのように理解するか—……小西砂千夫

阪神・淡路大震災の経済復興に関する計量分析
……小西砂千夫

監査危険概念の再検討
—J・L・コルバートの所説の検討—……石原　俊彦

〔書評〕

森泰博編著『物流史の研究』……宮本　又郎

石原俊彦著『監査意見形成の基礎—監査保証論の展開—』
……津田　秀雄

〔講演〕

「岐路に立つ日本経済」要旨

「日本経済の課題と展望」要旨

〔南昭二教授〕年譜・著作目録

第二四号（一九九七年三月）

〔論文〕

日本の租税意識と税制改革……小西砂千夫

監査意見形成の基礎概念としての金額的重要性
……………………………………石原　俊彦
阪神・淡路大震災と神戸市財政
―災害復旧の財源保障のあり方―……………小西砂千夫
ベンチャー企業における経営管理の特質
―㈱ジェックの事例分析を中心として―……………石原　俊彦
〔研究〕
住宅地と土地課税
―住宅地利用を考慮した重複世代モデルでの分析―……宮川　敏治
ライフサイクル消費行動と効用関数の推計
―異時点間消費の代替の弾力性と時間選好率―……上村　敏之
〔書評〕
杉谷滋編著『アジアの近代化と国家形成』……石井　昌司
南昭二著『直接投資と世界企業―経営行動と支配―』
……………………………………藤沢　武史

第二五号（一九九八年三月）

〔論文〕
三都（神戸、大阪、京都）の個性：経済統計分析
……………………根岸　紳・後藤　達也
公共財の私的供給システムとしての消防団の研究
……………………………………小西砂千夫
生命保険会社のアカウンタビリティと監査
―保険契約者を起点とした公正な事業運営とチェック機能の強化―……………………………石原　俊彦
米国における『リミテッド・ライアビリティ・カンパニー』の会計的及び税務的考察……………森谷　昭裕
〔研究〕
会計情報の信頼性概念と信頼性レベル
―客観性と検証可能性と関連づけて―……………藤岡　英治
規制緩和下における米国航空輸送産業の構造的特質の変化について……………………吉井　秀和
〔書評〕
深津比佐夫編著『変革期の企業システム』……岸　秀隆
小西砂千夫著『日本の税制改革』……………井堀　利宏

第二六号（一九九九年三月）

〔論文〕
公共経済学・財政学研究における行政学との接点について
―政府活動の根拠、国と地方の関係、予算制度―……小西砂千夫
長浜市における事務事業評価システムの導入
―目的体系図と職員の意識改革―……………石原　俊彦
市町村合併の論理……………………………小西砂千夫

日本型ベンチャー企業、その成長期の課題と支援
…………………………………………中川　照行
〔研究〕
労働所得と資本所得の最適課税ルール………宮川　敏治
コンピュータ・ネットワークによるアジア企業の財務分析における問題点………………………………阿部　仁
〔書評〕
小西唯雄編著『産業と企業の経済学』…………菊川　貞巳

第二七号（二〇〇〇年三月）

〔論文〕
自治体財政運営における発生主義決算の活用…小西砂千夫
個人課税が家計に及ぼす影響の研究
―団塊の世代の老後生活設計の視点から―…………石原　俊彦
〔座談会〕
まちづくりとしての市町村合併運動…小西砂千夫　他三名
〔研究〕
公的年金の財源調達と世代間の経済厚生
―人口構成の高齢化に関する一般均衡シミュレーション分析―
…………………………………………上村　敏之
内部統制における人的側面に関する研究
―特に最高経営責任者に着目して―……………髙原利栄子
〔書評〕
杉谷滋編著『シンガポール―清廉な政府・巧妙な政策―』
…………………………………………麻野　良二

第二八号（二〇〇一年三月）

〔論文〕
健全な地方財政運営のためのシステム設計
―発生主義と事業評価を生かした予算・決算―……小西砂千夫
ニュージーランドの行政経営
―三重県の新しい政策推進マネジメント・システム―
…………………………………………石原　俊彦
「淡路・島づくり2000年宣言」について
―産研叢書『淡路島の地域おこし』、その後のまちづくり運動―
…………………………………………小西砂千夫
〔研究〕
多国籍企業における業績評価に関する一考察…金本　洋子
〔書評〕
丸茂新編著『都市交通のルネッサンス』………岡田　清

第二九号（二〇〇二年三月）

〔論文〕

台湾における金融システムの特色……今井　譲・洪　澄洋

財政投融資改革の評価……小西砂千夫

政策体系を踏まえた組織改正の必要性
―三重県における行政組織のネットワーク化とフラット化の試み―……石原　俊彦

〔研究〕

家庭系ごみ処理サービスの民間委託
―準公共財に対する地方団体の関与についての検討―三木　潤一

中国人民銀行と金融政策……浦　　珏

〔書評〕

鈴木多加史・西田稔編著『サービス・エコノミーの展開』……箱田　昌平

小西砂千夫著『市町村合併ノススメ』……篠原　俊博

第三〇号（二〇〇三年三月）

〔論文〕

地方交付税改革の方向性……小西砂千夫

地方自治体における行政評価の基礎……石原　俊彦

〔研究〕

中国経済のいわゆる「デフレ的現象」の経済要因分析
―日本におけるデフレーションと金融政策の比較において―……陳　作章・李　寧

「男性の働き方の見直し」は出生力を高めるのか
―家計生産モデルのアプローチより―……藤野　敦子

〔書評〕

土井教之・西田稔編著『ベンチャービジネスと起業家教育』……髙橋　美樹

小西砂千夫著『特殊法人改革の誤解』……高橋　洋一

小西砂千夫著『地方財政改革論』……黒田武一郎

第三一号（二〇〇四年三月）

〔論文〕

アジア移行経済の競争政策―中国とベトナム―……土井　教之

自治体ガバナンス評価の手法とねらい
―関西社会経済研究所における自治体評価―……小西砂千夫

自治体の経営革新と会計
―マトリックス予算とバランス・スコアカード―……石原　俊彦

〔研究〕

債務償還可能年限を活用した財政運営
―宝塚市のケース―……浅井　伸治・緫谷　圭史

不況下の外国人研修生流入を規定する諸要因……曙　光

〔書評〕

今井譲編著『アジアの通貨危機と金融市場』……高坂　章

小西砂千夫著『市町村合併の決断』……山崎　重孝

第三二号（二〇〇五年一月）

〔論文〕

日中合弁企業の統治構造と経営戦略
―広州ホンダの事例―……萬成　博

平成の大合併を振り返って……小西砂千夫

行政評価における受益と負担の概念……石原　俊彦

〔研究〕

コントローリングの生成と発展……小澤　優子

〔書評〕

深山明編著『EUの経済と企業』……小山　明宏

小西砂千夫著『合併協議会運営の知恵―よき市町村合併実現の戦略―』……井上　源三

第三三号（二〇〇六年三月）

〔企画論文〕「自治体の経営改革」
……責任編集　山本栄一経済学部教授

自治体の財政改革・点描……山本　栄一

枠予算の活用と政策形成システム
―これで本当に大丈夫なのか、地方分権に向けた行財政システム改革―……松木　茂弘

行政経営改革の限界と可能性……増田　昭男

人事政策を柱とする意識改革……荒木　和美

財政危機へ立ち向かうために
―長期財政計画を活用した実践的改革―……有川　利彦

〔論文〕

財政分析と財政情報の開示のあり方
―普通会計の決算統計とバランスシートとの関係から―
……小西砂千夫

〔記録〕

広州ホンダの部品調達システムの構築……萬成　博

『産業研究所六十年の回顧と展望』資料編　補遺版
（一九九五～二〇〇四）……産業研究所

第三四号（二〇〇七年三月）

〔企画論文〕「日韓企業におけるビジネス・プロセス・マネジメント」……責任編集　小菅正伸商学部教授

日韓企業におけるビジネス・プロセス・マネジメント
……小菅　正伸

現場発信型のＢＰＭ—キャノンの事例—
……朝倉　洋子・坂手　啓介・長坂　悦敬・木村　麻子

ＩＴの戦略的活用によるビジネス・プロセス改革
……………………今井　範行

ヤンマー㈱のビジネス・プロセス・マネジメント
……山口　直也・長坂　悦敬・坂手　啓介・李　健泳

韓国・ＬＧ電子㈱のビジネス・プロセス・マネジメント
……………李　健泳・田　雄秀・車　敬換

Korea Telecom のビジネス・プロセス・マネジメント
……………………孫　炳圭・李　健泳

〔論文〕

地方財政制度の改革課題の中心にあるもの……小西砂千夫

中国の自動車産業：世界の自動車産業の工場からグローバル・プレーヤーへ？

The Chinese Car Industry: From Global Playfield to Global Player?
………ブングシェ・ホルガー（BUNGSCHE, Holger）

〔研究〕

中小企業の人的資源管理における外国人研修生の役割
—団体監理型外国人研修生の受入れに関する理論的・実証的分析—……………志浦　啓

〔書評〕

伊藤正一編著『東アジアのビジネス・ダイナミックス』
……………………江崎　光男

福井幸男編著『新時代のコミュニティ・ビジネス』
……………………橋本　介三

〔リファレンス・レビュー研究動向編〕

第五一巻一号〜六号（二〇〇五年七月〜二〇〇六年五月）

第三五号（二〇〇八年三月）

〔企画論文〕

「公益事業改革と地方公共インフラの整備」
…………責任編集　野村宗訓経済学部教授

地方空港整備の展開と制度改革の課題
…………………塩見　英治・小熊　仁

経営環境からみた第三セクター鉄道
—クラスター分析による検討—
…………西藤　真一・飯田　牧代・渡邉　亮

バス交通を活用したまちづくりと住民参画の可能性
—兵庫県伊丹市を題材として—…………高橋　愛典

我が国における公営水道民営化の可能性………楠田　昭二

電力小売自由化と供給責任………阿部　純・巽　直樹

郵政民営化とユニバーサル・サービスの維持…野村　宗訓

〔論文〕
自治体財政分析における財政指標の考え方……小西砂千夫
中国自動車部品産業—進歩なき発展か？—
The Chinese Automobile Supply Industry : Development without Progress?
……ブングシェ・ホルガー（BUNGSCHE, Holger）
情報通信と放送産業のプラットフォーム機能に対する独占禁止法と競争政策上の課題……林　秀弥
〔研究〕
少子化対策にかかる財政支出の数量分析
—児童福祉費と合計特殊出生率の要因分析を中心に—
……的場　啓一
〔リファレンス・レビュー研究動向編〕
第五二巻一号～六号（二〇〇六年七月～二〇〇七年五月）

第三六号（二〇〇九年三月）

〔企画論文〕「マーケティング研究」
……責任編集　新倉貴士商学部教授
流通研究における物象性
—商業集積の魅力と商業の基礎理論との接点を求めて—
……石原　武政
購買によって生起される感情
—Regulatory Focus 理論のリレーションシップ・マーケティングへの応用—……山本　昭二
経営者の感情と行動—地域商業における商店主を例として—
……鶴坂　貴恵
経営価値マーケティングと快楽感情の年齢異質性
—社会情動選択理論を手掛かりに—……石淵　順也
流通生産性概念の検討と測定……杉本　宏幸
カテゴリーの代表性についての研究
—典型性と具体性の2つの視点から—……髙橋　広行
企業主宰型ブランドコミュニティに関する考察
……山本　奈央
〔論文〕
グローバル経済へ向けて
—日本と中国の自動車産業発展の異なる道のり—
Different Roads into the Global Economy : The Development of the Japanese and Chinese Automobile Industries in Comparison
……ブングシェ・ホルガー（BUNGSCHE, Holger）
〔研究〕
中国における研究開発費の会計……譚　鵬

地方税徴収率向上に向けての近年の動向と数量的分析
―アンケートと実態調査から―……………………林　智子
〔書評〕
海道ノブチカ編著『EU拡大で変わる市場と企業』
……………………………………………………久保　広正
〔リファレンス・レビュー研究動向編〕
第五三巻一号〜六号（二〇〇七年七月〜二〇〇八年五月）

第三七号（二〇一〇年三月）

〔企画論文〕「地方分権に相応しい地方税改革のあり方
の研究」……………責任編集　前田高志経済学部教授
地方分権と地方税改革の全体像…………………林　宏昭
住民税の課税ベース侵食はなぜ問題か…………八塩　裕之
地方法人二税の経緯と今後の課題………………戸谷　裕之
地方消費税の課題と改革の方向…………………玉岡　雅之
地方公共団体の課税自主権
―法定外税を中心として―……………………前田　高志
地方税における租税特別措置の改革
―アメリカ地方政府の租税支出レポートの現状を踏まえて―
……………………………………………………上村　敏之
地方税における租税支出の問題…………………日高　政浩

〔論文〕
On the Way to a Low-carbon Society? Japan's Automobile Market and Industry in the Aftermath of the Financial Crisis
………ブングシェ・ホルガー（BUNGSCHE, Holger）
事業部価値創造のための業績評価システムについての
一考察―文献研究を基礎として―………………徳崎　進
〔研究〕
地域経済における観光事業の産業連関分析
―公共投資、設備投資との比較―………………武者　加苗
現代日本企業の経営理念
〜「経営理念の上場企業実態調査」を踏まえて〜……横川　雅人
〔書評〕
山本栄一編著『「むらの魅力」の経済学』………小田切徳美
〔リファレンス・レビュー研究動向編〕
第五四巻一〜六号（二〇〇八年七月〜二〇〇九年五月）

(2)　産研叢書

20　杉谷滋編著『アジアの近代化と国家形成―経済発展とアジアのアイデンティティ―』御茶の水書房、一九九六年七月、一九六頁、二九八七円

執筆者：杉谷滋、岡本仁宏、荻野昌弘、小西砂千夫、平松一夫、長岡豊、田和正孝

21 深津比佐夫編著『変革期の企業システム』御茶の水書房、一九九七年七月、一六八頁、三五七〇円
執筆者：深津比佐夫、西田稔、川久保美智子、小西砂千夫、梶浦昭友、石原俊彦、南昭二、水原凞

22 小西唯雄編著『産業と企業の経済学』御茶の水書房、一九九八年六月、二五五頁、三九九〇円
執筆者：小西唯雄、田中敏弘、西田稔、井上琢智、鈴木多加史、土井教之、北山俊哉、深山明、海道ノブチカ、小西砂千夫、石原俊彦

23 杉谷滋編著『シンガポール―清廉な政府・巧妙な政策―』御茶の水書房、一九九九年一二月、一七六頁、三一五〇円
執筆者：杉谷滋、荻野昌弘、宮原浩二郎、小西砂千夫、丸茂新、石原俊彦

24 丸茂新編著『都市交通のルネッサンス』御茶の水書房、二〇〇〇年九月、一七三頁、三一五〇円
執筆者：丸茂新、高林喜久生、橋本信之、福田豊生、小西砂千夫、山本剛郎、石原俊彦

25 鈴木多加史、西田稔編著『サービス・エコノミーの展開』御茶の水書房、二〇〇一年八月、二五〇頁、三七八〇円
執筆者：鈴木多加史、西田稔、福井幸男、中野幸紀、井口泰、土井教之、山本昭二、小西砂千夫、石原俊彦

26 土井教之、西田稔編著『ベンチャービジネスと起業家教育』御茶の水書房、二〇〇二年七月、二九七頁、四二〇〇円
執筆者：土井教之、西田稔、Karl-Heinz SCHMIDT、村田恵子、中川照行、小林一、石原俊彦、藤沢武史、定藤繁樹

27 今井譲編著『アジアの通貨危機と金融市場』御茶の水書房、二〇〇三年一〇月、二三一頁、三九九〇円
執筆者：今井譲、久保田哲夫、平山健二郎、小西砂千夫、寺地孝之、Houng John、浦珏、土井教之

28 深山明編著『ＥＵの経済と企業』御茶の水書房、二〇〇四年七月、二五五頁、三九九〇円
執筆者：園田明子、小西砂千夫、吉川真裕、野村宗訓、中村徹、海道ノブチカ、梶浦昭友、深山明、藤沢武史、山口隆之、土井教之

29 伊藤正一編著『東アジアのビジネス・ダイナミックス』御茶の水書房、二〇〇六年三月、二六三頁、四二〇〇円

執筆者：伊藤正一、趙炳澤、朴昌明、土井教之、井口泰、石原俊彦

30　福井幸男編著『新時代のコミュニティ・ビジネス』御茶の水書房、二〇〇六年七月、二五六頁、四二〇〇円

執筆者：小林伸生、石原俊彦、佐竹隆幸、古川靖洋、藤沢武史、髙橋保裕、定藤繁樹、福井幸男、海道ノブチカ

31　海道ノブチカ編著『EU拡大で変わる市場と企業』日本評論社、二〇〇八年三月、二四三頁、三九九〇円

執筆者：藤井和夫、平山健二郎、野村宗訓、小西砂千夫、海道ノブチカ、Jürgen KESSLER、Holger BUNGSCHE、深山明、Klaus SEMLINGER、梶浦昭友

32　山本栄一編著『「むらの魅力」の経済学：北海道の代表的風景・中札内村の研究』日本評論社、二〇〇九年三月、一五六頁、三九九〇円

執筆者：山本栄一、船津秀樹、高桑浩、阿部雅行、高林喜久生、角玄光代、渡辺大輔、川瀬裕香子、山崎恵司、尾野悟里、小西砂千夫

33　土井教之編著『ビジネス・イノベーション・システム―能力・組織・競争』日本評論社、二〇〇九年九月、三〇九頁、四七二五円

執筆者：土井教之、野瀬正治、古川靖洋、安田聡子、小川紘一、玉田俊平太、井上寛康、安田武彦、宮田由紀夫、趙炳澤、Holger BUNGSCHE

※価格はすべて税込み

(3)　産研ジャーナル

第11号（一九九四年一〇月）
特集「産業研究所での資料のさがし方」

第12号（一九九六年一二月）
特集「一九九五年度秋季講演会―テーマ『日本経済の課題と展望』」

3 講演会・セミナー

(1) 講演会

統一テーマ	開催日	講師	演題他	参加者
秋季講演会「岐路にたつ日本経済」	九五・一〇・二五	大阪大学経済学部教授・経済学部長 猪木武徳	「雇用情勢を中心に」	—
	一〇・二六	大阪大学大学院国際公共政策研究科教授 本間正明	「構造変化と日本経済の再生」	—
	一〇・三〇	神戸大学名誉教授・大阪学院大学教授 野尻武敏	「五五年体制の転換」	—
	戦後五〇年、日本経済のかかえるさまざまな問題を、三名の学者が分析した。			
秋季講演会「日本経済の課題と展望」	九五・一一・一	鐘淵化学工業㈱社長 古田　武	「日本経済の課題に対する製造企業の対応」	—
	一一・二	シャープ㈱社長 辻　晴雄	「需要創造型企業を目指した事業と経営のリストラ」	—
	一一・六	オリックス㈱社長 宮内義彦	「日本経済の構造改革の必要性」	—

統一テーマ	開催日	講師	演題他	参加者
経済環境の急激な変革のなかで、日本経済のトップは、何を考え、どのような行動をとろうとしているのか。学院出身の社長が、考察した。				
春季講演会 「公的介護保険は高齢社会を救うか―地方分権による未来社会の構図―」	九六・六・一〇	京都大学大学院経済学研究科教授　西村周三	「公的介護保険がなぜ必要なのか、なぜ地方分権なのか」	―
	六・一一	自治省財政局調整室課長補佐　丸山淑夫	「公的介護保険の制度デザインと地方分権の推進」	―
	六・一四	大阪外国語大学地域文化学科講師　斉藤弥生	「福祉先進国スウェーデンはどのように高齢社会を迎えたか」	―
	公的介護保険導入をめぐる議論が沸騰している。高齢社会を迎えて、真に豊かな社会を建設するためには、介護サービスを充実し、年金や医療保険だけに頼らない制度設計をする必要がある。その際に必要なことは、徹底した地方分権によって地域が主体的にまちづくりを進めることである。本講演会では、三人の講師を通じて、公的介護保険はそのような社会建設と地方分権の推進にプラスに働くのか、どのような制度デザインが必要であるのかについて考察した。			
秋季講演会 「日本経済の活性化とベンチャー・ビジネス」	九六・一〇・二三	監査法人トーマツ代表社員　石田　昭	「ベンチャー・ビジネス成長のテコ：株式公開」	―
	一〇・二五	監査法人トーマツ代表社員　鎌倉寛保	「株式公開の基礎知識と実務について」	―
	一〇・二九	オムロン㈱代表取締役副会長　陣川公平	「オムロンの経営理念と成長過程―どこまでもベンチャー・ビジネス―」	―
	一一・一一 〈神戸三田キャンパス〉	大阪商工会議所国際部長　松本道弘	「関西経済の活性化とベンチャー・ビジネス―ベンチャー・ビジネス振興に携わって―」	―

バブル経済の崩壊以降、日本経済は低迷の中で活路を見い出そうとしている。しかし、民間企業が収益構造改善のために採用したリストラ策は、雇用なき経済再建という構図を描き、多くの問題点を残した。いま、日本経済を再び活性化するために必要なものは、過去の慣習に捕らわれない進取の気質であり、それはベンチャー・ビジネスに多く潜む潜在的能力である。秋季の講演会では、日本経済活性化の旗手としてベンチャー・ビジネスを取り上げ、ベンチャー・ビジネスがどのように生成し、いかに発展していくのかを、技術や経営管理の側面を中心に分析した。

春季講演会
「関西の交通を考える―近代化から高度化へ―」

九七・六・一六	徳山大学経済学部助手	鶴田雅昭	「関西の空運」	—
六・一七	経済学部教授	柚木　学	「関西の海運―近世海運から近代的海運業へ―」	—
六・一八	追手門学院大学経済学部教授	宇田　正	「箕有電軌から阪急電鉄へ―小林一三の人と商法―」	—

関西の交通業は、空運だけについてみても、関空が当初の目標、極東のハブ空港からはほど遠く、離着陸料も高い、といった状況であり、海運も陸運も多くの問題をかかえている。関西の空運・関西の海運・関西の鉄道について歴史的視野から現在に至る過程を見直し、将来への展望を語った。

秋季講演会
「日本経済は滅びず―活力の源泉を探る―」

九七・一一・一二〈神戸三田キャンパス〉	日本公認会計士協会近畿会会長	林　恭造	「公認会計士が診た日本企業の活力維持」	—
一一・一三	㈱ジェック代表取締役社長	伊藤幸男	「激動するパソコンビジネスとジェックの企業コンセプト」	—
一一・一九	三重県総務部長	村尾信尚	「地方分権と行政システム改革」	—
一一・二五	ナショナル証券㈱代表取締役会長	坂口忠一	「ビッグバンと日本の証券市場改革」	—

景気回復が不透明な中、私たちの関心は、日本経済の活力の源泉を探ることにある。秋の産業研究所講演会では、社会の公正性、ベンチャー企業、地方行政改革、日本版金融ビッグバンをテーマに、私たちが理解しておかなければならない日本経済復活への試みを考察した。

統一テーマ	開催日	講師	演題他	参加者
春季講演会 パネルディスカッション 「官僚支配を越えて日本型経済システムを再構築する」	九八・六・一七	京都大学経済学部教授　吉田和男 ㈱野村総合研究所研究理事　富田俊基 朝日新聞大阪本社編集局企画報道室　古森　勲	コーディネーター 産業研究所教授　小西砂千夫	—
	大蔵省や厚生省など、中央省庁をめぐる一連の不祥事によって、わが国の官僚制度に対する批判が高まっている。しかし、官僚支配が悪の根元であり、官僚主導型経済運営をやめて市場に任せるべきだという視点だけでは、二一世紀の日本のあるべき経済システムをデザインすることはできない。本企画では、官僚システムの問題点、いま、どのような経済システム、国家制度、および地方自治制度が必要であるかを議論した。			
秋季講演会 シンポジウム 「阪神文化が生み出す新産業」	九八・一一・一七	阪神・淡路産業復興推進機構副理事長　大角晴康 金沢大学経済学部教授　佐々木雅幸 山梨学院大学法学部助教授　原　武史 産業研究所教授　小西砂千夫	座長 産業研究所長（経済学部教授）　西田　稔	—
講演 「民都『大阪』VS帝都『東京』」	一一・一八 〈神戸三田キャンパス〉	山梨学院大学法学部助教授　原　武史		—
	二一世紀を迎える日本の未来に明るい展望を切り開くためには、これまでに積み重なった負の遺産を処理するだけでなく、それぞれの地域が伝統と文化を活用して新しい産業を創造してゆくことが不可欠である。国や地域の文化が産業を育み、産業が文化を支えるといった課題に対して、それぞれに特色ある講師の見解に触れて、議論を交わした。			

春季講演会 パネルディスカッション 「日本経済の可能性を拓くNPO」	九九・六・二二	帝塚山学院長・大阪大学名誉教授　脇田　修 大阪大学大学院国際公共政策研究科教授　跡田直澄 神戸大学法学部教授　山下　淳	コーディネーター 産業研究所教授　小西砂千夫	―
	歴史的、理論的、あるいは実践的な観点からNPO（民間非営利組織）を考え、その可能性を追求した。			
秋季講演会 「日本経済を再生するベンチャー企業の活力」	九九・一一・二六	日本ベンチャー学会会長（法政大学総長）　清成忠男	「ベンチャー企業の振興策」	―
	一一・二九	オプテックス㈱代表取締役社長　小林　徹	「我が社の創業と挑戦」	―
	一二・　三	㈱堀場製作所取締役会長　堀場雅夫	「個の時代」	―
	バブル経済の崩壊以降、わが国の民間企業では、リストラやリエンジニアリングが積極的に押し進められてきた。最近の新聞報道では、その効果で業績を回復した企業も垣間見られる。ここでさらに一層、日本経済の再生を果たすためには、創造性や革新性に富んだベンチャー企業の登場と発展が期待される。本講演会では、ベンチャー企業を日本経済再生の旗手として位置づけ、その活力の源泉を、わが国を代表するベンチャー企業の経営者と日本ベンチャー学会会長に語っていただいた。			
春季講演会 「生命科学とビジネス」	〇〇・六・二一	理学部教授　山崎　洋	「ガンと生命科学」	六五名
	六・二二	読売新聞大阪本社科学部長　松本　弘	「生命科学とビジネス」	五一名
	ITと並んで新世紀のビジネス展開が期待されているのが生命分野である。ヒトゲノムの解読が進むなど、遺伝子操作技術などのテクノロジーは医療技術を飛躍的に向上させ、その反面で、未知の技術に対する恐怖や倫理への脅威もささやかれている。本講演会では、そうした生命技術の可能性と課題について掘り下げた。			

統一テーマ	開催日	講師	演題他	参加者
関西学院創立111周年記念行事 フォーラム 「生命科学の世紀」	〇〇・六・二六	作家　小松左京	特別対談「生命科学の可能性」 聞き手　学長補佐　小西砂千夫	―
		三菱化学生命科学研究所室長　米本昌平 ノンフィクションライター　最相葉月 関西学院院長　山内一郎 理学部教授　山崎　洋	シンポジウム「生命科学の進歩と課題」 司会　読売新聞大阪本社科学部長　松本　弘	
秋季講演会 パネルディスカッション 「日本財政は破綻する」	〇〇・一一・二七	東京大学経済学研究科教授（財政学）　井堀利宏 経済学部教授（財政学）　林　宜嗣 関西広域連携協議会事務局長・前三和銀行調査部長（エコノミスト）　田中英俊	コーディネーター 産業研究所教授（財政学）　小西砂千夫	一八二名
	前小渕政権は任期中に一〇〇兆円の国債を累積させるなど、いまや日本の長期債務はGDPの一・二倍の六四〇兆円を数えている。先進国で最悪の状況であり、もはや返済のめどは立たず、国際金融市場での国債の格付けはじりじりと下がっている。果たして日本財政は破綻するのか、その結果、国民はどのような状況に陥れられるのか、破綻を避けるにはどうすればよいのか。本パネルディスカッションでは、こうした疑問について財政学者、エコノミストが議論した。			
春季講演会 「ジャーナリストはこうみる―世界経済・日本経済・関西経済―」	〇一・六・一二	国際問題研究所ATWI所長・元時事通信社解説委員　小関哲哉	「世界経済―アメリカの経済と政権の弱体化は、世界に何をもたらしているか―」	一三三名
	六・一三	元週刊東洋経済編集委員　田崎静夫	「日本経済―『失われた一〇年』とエコノミストの責任―」	一五八名

	六・一四	毎日新聞経済部編集委員　中西　満	「関西経済—エネルギーを失った関西企業と関西財界を斬る—」		一一二名
		日本の経済政策の舵取りは、従来型の経済政策が功を奏せずに、財政赤字が累積するなかで、たいへん難しい状況を迎えている。くわえて関西復権のかけ声は勇ましいが、むしろ長期低迷に拍車がかかった感がある。こうした局面は、ジャーナリストの眼にはどのように映っているのか、三人の経済ジャーナリストが講演した。			
秋季講演会 パネルディスカッション 「特殊法人改革のあり方を考える」	○一一・一一・一六	内閣官房行政改革推進事務局特殊法人等改革推進室企画官　相馬清貴 日本経済新聞社編集委員　藤巻秀樹	コーディネーター 産業研究所教授　小西砂千夫		一八二名
		小泉内閣は、聖域なき構造改革の焦点のひとつとして特殊法人改革をあげ、日本道路公団や住宅金融公庫の民営化などの大改革が動き出そうとしている。それらが日本の経済や財政にとってどのような意味があり、政治的にはどのようなインパクトがあるのか、考察した。			
春季講演会 パネルディスカッション 「食品は大丈夫か—消費者利益保護のあり方を考える—」	○二・六・一三	公正取引委員会近畿中国四国事務所所長　酒井享平 大阪消費者友の会会長　伊吹和子 朝日新聞東京本社編集委員　村田泰夫	コーディネーター 産業研究所長　土井教之		一一五名
		近年、食品の安全性・信頼性がゆらぐ事件が頻発。消費者利益をめぐる問題は、食品に限らず多様な分野でも起きていることから、消費者利益の保護も日本経済の構造的課題と考えられる。また、一般的に、経済構造の変化に伴い、消費者を取り巻く環境も変化。消費者利益を確保するためには、消費者、企業、行政はそれぞれどのように行動すべきか、行政機関、消費者団体、マスコミの三名をパネリストに迎え、消費者保護のあり方について議論した。			

統一テーマ	開催日	講師	演題他	参加者
秋季講演会 「企業倫理を問う！」	○二・一一・一五	関西学院大学名誉教授　石田三郎	「経営理念と会計不信問題」	六〇名
	一一・二二	両備バス㈱代表取締役社長　小嶋光信	「企業の発展と倫理—信託経営の妙—」	一〇六名
	一一・二八	名古屋弁護士会副会長　池田桂子	「企業倫理—企業の社会的責任とコーポレートガバナンス—」	七四名
	日米両国での大手企業の不正の発覚、財務諸表の粉飾や違法行為・脱法行為には、顧客志向という、民間企業が第一に尊重すべき行動指針が欠落し、企業経営者の保身の構図が垣間見られる。企業は社会的な公器である。経営者はこのことを絶えず意識して企業倫理の水準を高めていかなければならない。顧客や利害関係者の信頼を失ったとき、企業は衰退するし、経済は後退する。その意味で、企業倫理の確立は、日本経済を活性化する大きな要素である。秋の講演会では、企業倫理の問題を三名の著名な研究者、経営者、弁護士がそれぞれの視点から解明した。			
東京講演会 講演と対談 「戦後を越える地方自治の新しいうねり—現場で格闘する日本の構造改革—」	○三・五・二八〈新宿住友ホール〉	北海道ニセコ町長　逢坂誠二	「市町村の自治体改革—人口四五〇〇人のまちニセコの意識改革—」	一八二名
	五・二九〈新宿住友ホール〉	前三重県知事　北川正恭	「都道府県の自治体改革—北川行革の八年間がめざしたもの—」	二三三名
	五・三〇〈新宿住友ホール〉	㈶自治総合センター理事長（元自治事務次官）　松本英昭	「地方自治制度改革—市町村合併・都道府県改革・西尾私案のゆくえ—」	一六七名
	地方自治体では、情報公開や住民参加を積極的に進め、政治不信を払拭し、役人のモチベーションを高める自治体改革が急ピッチで進んでいる。市町村合併、都道府県改革など、戦後を越える地方自治改革の動きの中、本シリーズでは、自治の現場での改革者と自治制度の設計者と、地方自治改革のいまを語った。			

春季講演会 講演と対談 「現場から考える小泉改革のゆくえ—改革者・証言者が語る日本の構造改革—」	○三・六・二	財務総合政策研究所・経済産業研究所客員研究員　高橋洋一	「郵貯改革・財政投融資改革」	一三三名
	六・三	産業研究所教授　小西砂千夫	「道路関係四公団民営化」	一四九名
	六・一一	京都大学大学院経済学研究科教授 （竹中金融改革プロジェクトチーム・メンバー）　吉田和男	「金融改革」	一六六名
	小泉内閣が発足して早くも二年が過ぎ、小泉改革のポイントとも言える、金融、道路公団、郵貯・財政投融資改革の当事者・証言者が、小泉改革の実相に迫った。			
東京オフィス開設記念講演会 「構造改革の構想力—地方自治の創造と破壊—」 （大学主催、産業研究所企画）	○三・一一・一〇 〈丸の内パレスホテル〉	関西学院大学教授　村尾信尚 慶応義塾大学教授　榊原英資	講演と対談「社会変革の新しい視点」	一七二名
	一一・一一 〈新宿住友ホール〉	総務省自治財政局交付税課長　岡本全勝 産業研究所教授　小西砂千夫	講演と対談「地方交付税制度の来し方行く末」	一二二名
	一一・一二 〈新宿住友ホール〉	東京大学大学院法学政治学研究科教授・地方分権改革推進会議委員　森田　朗 産業研究所教授　小西砂千夫	講演と対談「三位一体改革のあり方」	一九二名
		特定非営利活動法人ケア・センターやわらぎ代表理事　石川治江 北海道ニセコ町長　逢坂誠二 東京都中野区長　田中大輔 速水林業代表（三重県）　速水　亨	シンポジウム 「市民・企業・行政の新しい協働のかたち」 コーディネーター 関西学院大学教授　村尾信尚	

統一テーマ	開催日	講　師	演　題　他	参加者
	日本の構造改革の柱の一つが、三位一体改革、また地方自治制度の改革である。情報公開、住民参加、新しい市民像の出現などによって、政府が「公」を独占することを許さない時代において、本講演会シリーズでは、地方自治構造改革に求められる構想力とは何かを探求した。			
秋季講演会「関西経済の再生と課題」	○三・一一・一三	㈱ロックオン代表取締役　岩田　進 ㈲ココロ遺産研究所代表取締役　小松英司 ㈱取締役会長　4D MATRIX / ENTERTAINMENT　朝山貴生 ㈱マッシュ代表取締役　間藤芳樹	パネルディスカッション 「起業して成功しよう！」 コーディネーター 商学部教授・前京都リサーチパーク㈱ベンチャーインキュベーション部長　定藤繁樹	一〇一名
	一一・二〇	古野電気㈱代表取締役・㈳関西ニユービジネス協議会副会長　古野清之 古野電気㈱顧問・元専務取締役・工学博士　杉山　暁	「新市場の開拓―マリンエレクトロニクスの市場開発―」	八四名
	一一・二七	㈱サンリット産業代表取締役・㈳関西ニュービジネス協議会副会長・大阪商工会議所副会頭・りそな銀行社外取締役　小池俊二	「関西経済の再生と課題」	二〇四名
	本学出身の起業家に、起業とはなにか、動機はなにか、成長とはなにかを学んだあと、実際に新市場開拓に挑戦し世界で活躍中の古野電気（本社・西宮）、サンリット産業（本社・大阪）に講演いただき、関西経済の再生と課題について提言された。			
産業研究所講演会「市場競争と独占禁止法」	○四・六・一五	公正取引委員会　柴田愛子	経済学部西田稔教授授業のゲストスピーカーとして講演	―

東京講演会（関西学院創立者W・R・ランバス生誕150周年記念）「地方交付税発足50年、制度の持続可能性を問う」	〇四・一〇・一二〈新宿住友ホール〉	㈳地域経済総合研究所会長　立田清士	「地方交付税の発足時を振り返り、制度運営の歴史を総括する」	八五名
	一〇・一三〈新宿住友ホール〉	㈶救急振興財団顧問　矢野浩一郎	「高度経済成長から安定成長へ：地方交付税の成長と質的転換」	一六七名
		産業研究所教授　小西砂千夫	「三位一体改革の自治体財政運営：地方債協議制移行をひかえて」	
	一〇・一四〈新宿住友ホール〉	佐賀県知事　古川　康	「三位一体改革・交付税改革はかくあるべし：地方からの主張」	一五四名
		㈶地域創造理事長　遠藤　安彦	「激動の地方交付税：バブル期とその崩壊後の制度運営」	
	地方交付税の発足時から、充実期、バブル期とその崩壊後に至る、制度運営の歴史を当事者の証言を中心に検証し、持続可能性のある制度とするにはどのような改革が必要かを考察した。			
秋季講演会（関西学院創立者W・R・ランバス生誕150周年記念）（産業研究所創設70周年記念）「この国に希望はあるのか―立ちはだかるもの・変えていけるもの―」	〇四・一一・八	大分トリニータ社長　溝畑　宏	「情熱と仲間があればJ1チームだってつくれる」	八八名
	産業研究所は創設70周年を迎え、その記念講演会。東京から見える日本、地方から見える日本、を通して学生が出て行く社会の未来像を語った。			

統一テーマ	開催日	講師	演題他	参加者
ウエイクアップ関西シンポジウム（産業研究所創設70周年記念）「小泉改革の向こうに自律する地方は見えるか」（毎日新聞社と共催）	〇五・三・一二〈淀屋橋朝日生命ホール〉	横浜市長　中田　宏	基調講演「自己改革できる地方政府—市民とともに都市・横浜を経営する」	四〇〇名
		参議院自民党幹事長（前総務大臣）　片山虎之助 地方制度調査会長（太平洋セメント相談役）　諸井　虔 兵庫県知事　井戸敏三 近畿大学経済学部教授（前衆議院議員）　高市早苗 毎日新聞論説副委員長　斉藤行巨	パネル討議「未完の三位一体改革、これまでとこれから」 コーディネーター 産業研究所教授　小西砂千夫	四〇〇名
	未完の分権改革といわれるなか、三位一体改革は、この一〇年以上続いた分権改革のいわばクライマックスである。また、小泉構造改革にあっても、経済財政諮問会議で首相がたびたび三位一体改革へのリーダーシップを発揮するなど、重要な位置を占めている。総務省、与党、地方分権推進委員会、地方制度調査会、全国知事会など、三位一体改革で重要な役割を演じた組織等に属する方々をパネリストに招き、三位一体改革の等身大の実像に迫ることを目的とした。また、自治体改革でめざましい動きを示している中田宏横浜市長を基調講演に招いた。			
東京講演会「地方分権改革　三位一体改革の文脈と今後」	〇五・一〇・一三〈新宿住友ビル〉	㈶自治総合センター理事長・元自治事務次官　松本英昭	「分権改革の文脈と三位一体改革」	四八名
		読売新聞東京本社解説部次長　青山彰久	「三位一体改革の論点」	六八名
	一〇・一四〈新宿住友ビル〉	川西市財政課長　松木茂弘 網走市財政係長　田口　桂 ニセコ町元職員　岡内隆博	「徹底討論　三位一体改革の自治体財政への影響」 コーディネーター 産業研究所教授　小西砂千夫	六八名

			平成五年度の衆参両院での決議で始まるとされる地方分権改革は、地方分権一括法による機関委任事務の廃止を通じて、国と地方を対等協力の関係にした。また、市町村合併を推進した。残る分権の課題である、国の地方に対する義務づけや規制の解消と、税源移譲による自主財源の充実が三位一体改革として進んできた。並行して、地方制度調査会がさらに今後の課題として、道州制の議論を進めている。この連続講演会では、三位一体改革で何がどこまで進んだといえるのか、経済財政諮問会議と政府・与党協議を通じて改革をリードするという手法への評価、地方側が一枚岩になって改革に関与したことへの評価、合併新法での市町村合併と特例町村制度の行方、道州制の実現への課題は何か、さらなる分権的な財政改革に向けて残された課題などについて取り上げた。	
産業研究所講演会「企業と社会の現代的な関係―コーポレートガバナンス、ＣＳＲを中心として―」	○五・一一・一〇	元大阪ガス副社長　山田廣則	商学部海道ノブチカ教授「経営学史」の授業のゲストスピーカーを兼ねた 近年日本でも注目を集めるようになってきたコーポレートガバナンス、ＣＳＲについて、大阪ガスの元副社長が、会社経営の実務体験を踏まえて、企業が社会的存在として果たすべき責任やコンプライアンスの重要性を切り口に、企業経営の今日的課題を解説した。	二四〇名
学術講演会「中国の現状と課題―米国の見る中国、日本の見る中国。―」	○六・　六・二〇	ユーラシアグループ調査分析部長、前職：ブルッキングス研究所上席研究員、ジョージ・ワシントン大学国際関係学部長　ハリー・ハーディング ジョンズ・ホプキンス大学教授、前職：世界銀行及びブルッキングス研究所等　ピーター・ボテリエ 産業研究所長、経済学部教授　伊藤正一	日本貿易振興機構（ＪＥＴＲＯ）が招聘した中国情勢分析の米国人専門家と本学の研究者による講演 司会 経済学部助教授　西村　智	三一〇名

<table>
<tr><th>統一テーマ</th><th>開催日</th><th>講　師</th><th>演　題　他</th><th>参加者</th></tr>
<tr><td></td><td colspan="3">本年四月に行われたブッシュ大統領と胡錦涛国家主席の米中首脳会談は世界中のメディアの関心を集めたが、米国は中国との間に人民元問題、通商摩擦問題を抱えている。一方、日本は昨年四月の中国各地での反日デモ後にいったん冷え込んだ中国投資意欲が再び高まる勢いである。緊張と摩擦を背中合わせにしながら、両国とも中国とのビジネスは拡大していきつつある。日米経済界で抱かれている中国リスクについて、長年中国を研究されてきた米国専門家の眼での意見を紹介し、また日本から見る中国との課題についても報告した。</td><td></td></tr>
<tr><td rowspan="2">講演会
「インド経済の現状」
（経済学部主催、産業研究所共催）</td><td>〇六・七・三</td><td>在大阪インド総領事
オーム・プラカーシュ</td><td>経済学部授業「アジア経済論」（伊藤正一教授）のゲストスピーカーとして講演</td><td>八〇名</td></tr>
<tr><td colspan="4">在日公館の外交官によるアジア経済、特に近年発展を続けるインド経済に焦点をあてた講演。</td></tr>
<tr><td rowspan="2">秋季講演会
「最近の中国の自動車市場動向と私のビジネス経験」</td><td>〇六・一〇・一九</td><td>前本田技研工業㈱地域執行役員
門脇轟二</td><td>経済学部授業「経済事情F」（伊藤正一教授）を兼ねた</td><td>一三〇名</td></tr>
<tr><td colspan="4">中国の自動車産業の急速な発展は目を見張るものがある。いまや米国、日本、ドイツに次いで、世界第四位の生産国に成長している。自動車産業の集中する華南の珠江デルタ地域は中国のデトロイトとまで呼ばれるようになった。日本の自動車メーカーの中国進出の先駆となった広州ホンダの前総経理（社長）門脇轟二氏を講師にお招きし、最近の中国の自動車、特に乗用車市場の動向から日系メーカーの状況や、なぜ日系各社が珠江デルタに集結したのかをビジネス経験を交えてお話いただき、併せて中国自動車産業の課題に提言された。</td></tr>
<tr><td>東京講演会
「地方財政制度の行方と破たん（再生）法制のあり方」</td><td>〇六・一一・一五
〈弘済会館〉</td><td>前総務事務次官、㈶地域創造理事長
林　省吾
読売新聞東京本社解説部次長
青山彰久
産業研究所教授
小西砂千夫</td><td>講演と鼎談「わが国内政の課題について」</td><td>五五名</td></tr>
</table>

	一一・一六 〈弘済会館〉	産業研究所教授　小西砂千夫 総務省官房審議官（地方財政担当）　椎川　忍 浜松市財政部長　平木　省	講演「破たん（再生）法制整備の課題」 パネルディスカッション「今後の地方財政制度、破たん（再生）法制と自治体の財政運営」 地方財政制度は、小泉内閣のなかで、市場主義の揺さぶりをうけた。また、協議制の移行、公募債の統一条件交渉の停止、夕張市の財政破たん、そして破たん（再生）法制と、二〇〇六年は地方債が激変した年であった。それらを受け、地方財政制度は今後どうあるべきか、また破たん（再生）法制はいかにあるべきかについて掘り下げた。	九三名
シンポジウム「総合商社に関するシンポジウム―『現代の総合商社』出版記念―」	○六・一二・一五 〈大阪梅田キャンパス〉	三菱商事㈱副社長・関西支社長　上野征夫 ABIC講義担当、元三菱商事㈱勤務　増田政靖 ABIC、伊藤忠商事㈱機械事業リスクマネジメント部長　山下恵司 経済学部教授　土井教之	『現代の総合商社』執筆者紹介 基調講演 パネルディスカッション コーディネーター 産業研究所長、経済学部教授　伊藤正一 大学講座で取り組まれた「総合商社とは何か」の問いかけに、講師陣が『現代の総合商社―発展と機能―』（晃洋書房　二〇〇六年一一月刊）をまとめた。絶えず変化を繰り返し、時代をリードする総合商社の現代的意義に、現場、商社OB、学界からの声を聞いた。	八一名
日中経済シンポジウム「日中経済協力のあり方：企業の視点から」	○七・二・一三 〈大阪商工会議所〉	関西学院大学学長　平松一夫 吉林大学副学長　王　勝今 トヨタ自動車取締役副社長　稲葉良晛	「日中経済協力を大学の視点から語る」 基調講演 シンポジウム「中国東北地方の発展と日中経済協力の可能性」	二五〇名

統一テーマ	開催日	講師	演題他	参加者
	二・一四 〈関西経済連合会〉	東京大学大学院経済学研究科教授、同ものづくり経営研究センター長　藤本隆宏	司会 毎日新聞社論説委員　近藤伸二	一八六名
		吉林大学経済学院副院長・教授　李　暁	シンポジウム討論 討論者 産業研究所長・経済学部教授　伊藤正一	
		関西経済連合会国際委員会委員長(中国担当)、大阪商工会議所国際ビジネス委員会顧問　西田健一		
		吉林省商務庁副庁長　張　長新		
		吉林大学経済学院副院長・教授　謝　地	第1セッション「自動車部品」 司会 経済学部教授　土井教之	
		産業研究所助教授　ホルガー・ブングシェ		
		ダイハツ工業㈱執行役員　岩部裕昭		
		吉林大学商学院教授　石　柱鮮	第2セッション「金型・工作機械」 司会 経営戦略研究科教授　山本昭二	
		大阪市立大学大学院創造都市研究科助教授　朴　泰勲		
		㈱ヤマナカゴーキン代表取締役社長　山中敏樹		
		通化市人民政府常務副市長　田　玉林	第3セッション「製薬関係」 司会 商学部助教授、学長補佐　木本圭一	
		㈱モリモト医薬代表取締役社長　盛本修司		

講師	テーマ
大日本住友製薬㈱知的財産部長　永本典生	
吉林大学経済学院教授　紀　玉山	第4セッション「化学産業」 司会 吉林大学経済学院院長・教授　李　俊江
大阪市立大学大学院経営学研究科付属先端研究教育センター特別研究員　藤井吉郎	
㈲フューチャープラッツ代表取締役　山根　修	

優れた技術を誇る日本、経済発展の著しい中国。お互いのニーズにどのような接点が見出されるのか？長年の友好関係にある関西学院大学と中国・吉林大学が連携して、関西と中国東北地方の企業、技術者、研究者を集結し、今後の日中経済協力のあり方を探った。

事業名	日時・場所	講師	テーマ	人数
東京イノベーション講演会 「グローバル時代の企業のイノベーション戦略」	〇七・一〇・　五 〈東京丸の内キャンパス〉	東京大学ものづくり経営研究センターディレクター　新宅純二郎 ㈱サイバードホールディングス代表取締役社長兼グループCEO　堀主知ロバート	第1回「イノベーションのための経営戦略」	延べ人数 九二名
	一〇・一二 〈東京丸の内キャンパス〉	経済産業省標準企画室長　福田泰和 三菱電機㈱知的財産渉外部次長　加藤　恒	第2回「イノベーションと知財・標準化」	
	一〇・一九 〈東京丸の内キャンパス〉	公正取引委員会委員　後藤　晃 日立製作所法務本部部長　大塚眞弘	第3回「イノベーションと競争政策—独禁法との関連—」	

統一テーマ	開催日	講師	演題他	参加者
	一〇・二六〈東京丸の内キャンパス〉	キヤノン化成㈱技術顧問・前キヤノン㈱材料技術研究所長　村井啓一 中小企業基盤整備機構理事　後藤芳一	第4回「イノベーションのマネジメント」	
	今日、グローバル化や技術進歩をはじめ、経済構造の急激な変化を受けて、イノベーションが企業の様々なレベルで求められている。その過程で、企業はいろいろな課題に直面している。こうした革新に関するプロセスや課題を明らかにすることは事業戦略的にも公共政策的にも重要であろう。このたび、本学の東京丸の内キャンパスの開設を機に、産官学の各界から講師をお招きし、国際競争の波に洗われている企業のイノベーション戦略について、現況と課題を四回シリーズで順次、報告していただいた。			
学術講演会「中国の対外経済政策の現状と展望」	〇七・一〇・二五	国家発展改革委員会対外経済研究所所長　張　燕生 フェニックスTV香港解説者、外交コラムニスト　邱　震海 経済学部教授、産業研究所長　伊藤正一	日本貿易振興機構（JETRO）が招聘した中国の対外経済政策専門家と香港の外交コラムニストと本学の研究者による講演会 モデレーター 日本貿易振興機構（JETRO）理事　鷲尾友春	一五〇名
	二〇〇八年の北京オリンピック開催を前に、中国の著しい経済成長は目を見張るものがあり、いまや世界経済の大きな軸となりつつある。その中国経済も国内では外資優遇策が転換期を迎え、一方で、中国政府は中国企業の海外展開を積極的に推進している。中国の著名な対外経済政策専門家と香港の外交コラムニストを迎え、本学の中国経済研究者とともに、中国の対外経済政策と今後の日本との関係を展望した。			
東京講演会「地方分権改革と連帯する社会のすがた」	〇七・一〇・三一〈東京丸の内キャンパス〉	経済学研究科教授　小西砂千夫 東京大学大学院経済学研究科教授　神野直彦	「決算統計とバランスシートの話—浜松市の公会計研究会の成果を踏まえ」 「地方分権改革の今後と『ほどよい政府』」	七五名

	一九九〇年代に入ってからの分権改革は一〇年以上が経過。小泉構造改革において市場主義的な制度改革の波が地方財政の世界にも押し寄せてきたが、今、それがわが国にとって望ましい方向なのかを立ち止まって考える時期に来ている。本講演会では、分権社会の先にある、相互扶助の精神に支えられた「ほどよい政府」の将来像を解き明かし、あわせて市場主義改革と地方財政制度の接点である公会計についても取り上げられた。			
シンポジウム 「EU加盟後のポーランド—ヨーロッパ化とアイデンティティ—」 （日本ポーランド協会関西センター主催、産業研究所共催）	○七・一一・四 〈大阪梅田キャンパス〉	経済学部教授　藤井和夫 京都大学文学部教授　小山　哲 岡山大学大学院社会文化科学研究科教授　田口雅弘 東京大学社会科学研究所教授（所長）　小森田秋夫	日本・ポーランド国交回復50周年記念 「ポーランドを考えるシンポジウム」	四四名
	ポーランドの過去・現在・未来と、ポーランド理解のキーポイントについて、専門家たちが語り合った。			
関西イノベーション・フォーラム 「イノベーションと企業変革—大企業と中小企業の連携—」	○七・一一・一五 〈大阪商工会議所〉	シャープ㈱代表取締役副社長　安達俊雄 (独)中小企業基盤整備機構理事　後藤芳一 東洋大学経済学部教授　安田武彦 東京大学ものづくり経営研究センター特任研究員　小川紘一 神戸大学大学院経営学研究科教授　加護野忠男	基調講演 「シャープの液晶戦略と地域発展」 「大手企業と中小企業の連携—『中小企業ものづくり法』立案の経緯から—」 事例紹介 パネルディスカッション コーディネーター 経済学部教授　土井教之	一九二名

統一テーマ	開催日	講師	演題他	参加者
		神港精機㈱代表取締役社長 眞下　忠 経営戦略研究科准教授　玉田俊平太		
	今日、イノベーションが企業をはじめ様々なレベルで求められ、また政策段階でも推進されている。この潮流は世界的なものであるが、わが国でも経済政策の柱にイノベーションを掲げ、技術や社会システムの革新、国際競争力の強化が謳われて、産官学など様々な形の連携が議論され、推進されてきた。こうした動きの中で、このフォーラムでは〝産産連携〟、特に関西地域の特性—多い中小企業、中堅企業—を考慮して、大企業と中小企業の連携に焦点を合わせ、様々な角度からその意義とあり方を探った。それを通して、イノベーションのあり方、そして地域開発の問題を検討した。			
講演会 「European Economy and Automobile Industry」	〇八・四・二五	独・エアランゲン・ニュルンベルク大学社会学部教授 ゲルト・シュミット	総合コース484「ヨーロッパの現在（いま）、EUが示す、新たな世界の構図」授業（田村和彦経済学部教授）のゲストスピーカーを兼ねる	三〇〇名
春季講演会 「香港経済について」	〇八・七・七	香港特別行政区政府駐東京経済貿易代表部・代表　アルバート　タン	経済学部授業「アジア経済論A」（伊藤正一教授）を兼ねる	二六〇名
	香港は、一九九七年に中華人民共和国に返還され、香港特別行政区および同政府が誕生した。返還後の一国二制度下において、五〇年間、自治権の付与と本土と異なる行政、法、経済制度の維持が認められており、「中国香港」の名で、経済社会分野における国際組織や会議への参加もできる。英植民地時代から高度に整備された民法と税制上の優遇措置、高い教育程度と豊富な英語人口など、東アジア、日本へ進出している企業も多い。今日の香港経済について、駐東京経済貿易代表部のアルバート・タン氏に紹介していただいた。			

第2回日中経済シンポジウム 「日本関西地域と吉林省の経済協力について ―企業協力を中心に―」	〇八・九・二五 〈吉林省〉	吉林省統計局局長　姜　国鈞 大阪医療品協会、大日本住友製薬㈱執行役員事業戦略本部長　竹内　豊 吉林省商務庁副庁長　張　長新 豊田汽車技術中心（中国）有限公司長春分室総経理助理　高原健司 吉林大学教授　李　暁 吉林大学教授　徐　傳諶 毎日新聞論説委員　近藤伸二 産業研究所長、商学部教授　福井幸男 吉林大学副教授　丁　一兵 吉林大学副教授　李　政 吉林大学教授　紀　玉山 丸紅（中国）有限公司長春分公司総経理　森田浩史 ㈱モリモト医薬代表取締役　盛本修司 一汽光洋転向装置有限公司董事、総経理助理　今村　稔 吉林大学教授　項　衛星 吉林大学教授　馬　春文 経済学部教授　伊藤正一 吉林大学教授　李　暁	基調講演 議長　吉林大学教授　李　俊江 第一セッション テーマ「吉林省と関西地域との経済交流および協力」 議長　経済学部教授　土井教之 第二セッション テーマ「吉林省と関西地域との企業交流および協力」 議長　吉林大学教授　李　俊江 シンポジウム統括	二〇〇名

統一テーマ	開催日	講師	演題他	参加者
大学主催特別講演会「バルト海の真珠ラトビア、EUの一員」（産業研究所協賛）	〇八・一〇・一〇	駐日ラトビア共和国特命全権大使 ペーテリス・ヴァイヴァルス	経済学部授業「経済事情G」（伊藤正一教授）を兼ねる	—
	バルト海に面するラトビア共和国はEUを構成する一員である。ラトビア共和国が独立を宣言して九〇年になるこの秋、ヴァイヴァルス大使を迎えて、同国の紹介と関西学院とラトビアとの関係などを語っていただいた。			
講演会「家電ビジネスに見る『世界の工場』中国の実情」	〇八・一〇・一六	佛山市駐日本代表事務所長、元松下精工勤務 喜多忠文	経済学部授業「経済事情F」（尹繼玉講師）を兼ねる	九五名
	講師は中国での家電ビジネスの体験から、転換期にある中国経済と経営環境、日系企業の状況、今後の中国でのビジネスの展望などを語った。			
講演会「プーチン・メドベージェフ双頭政権のエネルギー戦略」	〇八・一一・二八	北海道大学名誉教授、国際日本文化研究センター名誉教授 木村 汎	経済学部授業「工業経済論B」（野村宗訓教授）を兼ねる	二〇二名
	ロシアのプーチン政権は、国内では「強いロシア再建」のスローガンを掲げて国民の支持を集め、豊富なエネルギー資源をもとに経済力を急速に伸ばした。外交においては、原油、ガスを武器にする戦略によって、周辺諸国やEUを牽制してきた。二〇〇〇年発足のプーチン・メドベージェフ双頭政権へと受け継がれているロシアのエネルギー戦略について、ロシア外交研究の第一人者が解説した。			
講演会「地域の福祉力、福祉の地域力の新たな担い手—ソーシャル・ビジネスへの役割期待—」	〇八・一一・二八	㈱田舎元気本舗 平野智照	「食と農とソーシャル・ビジネス—企業の福利厚生としての丹波カルデン（借る田）について—」	一二〇名

		㈱プラスリジョン　福井佑実子	「福祉×民間×大学＝地域で挑戦！　障害のある人の就労支援」 司会　大阪NPOセンター　大前　藍子 社会学部授業「地域福祉論」（牧里毎治人間福祉学部教授）を兼ねる	
「地域の福祉力」とは、地域が多様性や異質性を受け入れ、出会いの場、協働の場、協議の場づくりを通じて、地域のあり方を主体的に構成しうる能力のこと。一方、「福祉の地域力」とは、福祉専門職、福祉行政などが、個別援助ワーカーとして、コミュニティーワーカーとして、あるいは福祉政策形成の一主体として地域に出向き、地域住民とともに、その地域条件・事情に最適な福祉政策の形成、実践しうる能力のことである。 「地域の福祉力」、「福祉の地域力」の新たな担い手である「ソーシャル・ビジネス」に着目し、その地域福祉の向上に果たす役割について検討した。				
東京講演会 「地方分権改革と道州制論議のあり方」	○九・一一・二二 〈東京丸の内キャンパス〉	前総務大臣　増田寛也		八三名
前総務大臣であり、また地方分権担当大臣であった増田寛也氏が、道州制を含めてわが国の地方分権改革について解説、分権改革への決意を語った。				
「上方落語家から見た関西経済：関西経済は噺家を何人育てる力を持っているか?」	○九・一二・一九	落語家　桂　文華	桂文華氏（理学部出身の落語家）トーク・イン・KG	五五名
関西経済と景気指数に関しての共同研究プロジェクト研究会として、落語家を招き、関西経済と芸能との関わりについて考察した。				

統一テーマ	開催日	講　師	演　題　他	参加者
東京講演会 「国際会計基準（IFRS）のアドプションと会計教育・研究の課題」	○九・四・二八 〈東京丸の内キャンパス〉	国際会計基準審議会（IASB）理事、スタンフォード大学教授　メアリー・バース 国際会計基準審議会（IASB）理事　山田辰己	司会　商学部　教授　平松一夫 逐次日本語訳　商学部准教授　児島幸治	五二名
	国際会計基準（IFRS）をめぐる動向とそれが教育・研修・研究に与えるインパクトを検討した。			
講演会 「香港―アジアの世界都市、グローバリゼーション時代での経済と役割―」	○九・七・七	香港特別行政区政府駐東京経済貿易代表部代表　アルバート・タン	経済学部授業「アジア経済論A」（伊藤正一教授）を兼ねる	二四八名
	英植民地時代から高度に整備された民法と税制上の優遇措置、高い教育程度と豊富な英語人口など、東アジアの経済拠点として優位性を持つ香港では、様々な業種の大企業が揃い、中華人民共和国、東南アジア、日本へ進出している。この講演では、グローバリゼーション時代の香港の経済と役割について語った。			
シンポジウム 『「むらの魅力」の経済学：北海道の代表的風景・中札内村の研究』出版記念企画報告	○九・八・一〇 〈中札内村文化創造センター〉	関西学院大学名誉教授　山本栄一 中札内村役場地域課長　高桑　浩 人間福祉学部教授　小西砂千夫	講演 パネルディスカッション	五〇名
	産研叢書第三二号の出版記念シンポジウムを開催。同書は、地方自治や地方財政を取り巻く状況が変化する中、単独村政を選択した北海道・十勝平野にある中札内村について、自治体職員と大学教員が協力して地域研究を行った成果である。本学名誉教授の山本栄一教授等によって、中札内村が歩んできた文化・産業、合併論議の歴史などを通じて、まちづくりのあるべき姿や村の方向性について議論された。			
第3回日中経済シンポジウム 「日中経済協力のあり方：産学官連携の視点から」	○九・九・一〇 〈ホテルニューオータニ大阪〉	関西学院大学学長　杉原左右一 吉林大学副学長　王　勝今 大阪商工会議所会頭　野村明雄 吉林省通化市副市長　翟　憲枝	開会挨拶	二六二名

基調講演	経済学部教授、国際学部開設準備室長　伊藤正一
	田辺三菱製薬㈱常務執行役員、国際事業部長　下左近晃
	吉林省商務庁副庁長　張　長新
	吉林大学経済学院教授　項　衛星
第1セッション テーマ「自動車産業」 司会 毎日新聞社論説委員　近藤伸二	吉林大学経済学院教授　徐　伝諶
	商学部准教授　ホルガー・ブングシェ
	吉林大学経済学院副院長・教授　李　暁
	経済学部教授　土井教之
第2セッション テーマ「医薬産業」 司会 吉林大学経済学院院長・教授　李　俊江	吉林通化経済開発区管理委員会主任　王　瑞有
	天津田辺製薬総経理　岡田智彦
	吉林万通集団股份有限公司　呂　学明
	㈱モリモト医薬代表取締役社長　盛本修司
第3セッション テーマ「バイオサイエンス（生命科学）」 司会 理工学部長・教授　尾崎幸洋	吉林大学分子酵素工学工程教育部重点実験室教授　施　維
	理工学部教授　今岡　進
	通化東宝薬業股份有限公司副総経理　程　建秋

統一テーマ	開催日	講師	演題他	参加者
		㈱医薬基盤研究所基盤的研究部トキシコゲノミクス・インフォマティクスプロジェクト・サブプロジェクトリーダー　山田　弘		
		関西学院大学副学長　定藤繁樹	閉会挨拶	
	関西学院大学と吉林大学の研究者と企業関係者を交え、中国・東北地域と関西の経済交流のあり方などについて語り合った。また、後半セッションでは、中国・東北経済の現状のほか、同地域の主要産業である自動車、医薬、バイオサイエンス各分野での提携や活性について討議が行われた。			
産業研究所講演会「方法としてのインド―市場、生産、協力―」	○九・一〇・二七	経済産業省インド代表、JETRO ニューデリー出向シニアディレクター兼知的財産部長　松島大輔	経済学部授業「アジア経済論B」（伊藤正一教授）を兼ねる	一九四名
	多民族国家として急速な経済成長をとげているインド、そのビジネスの可能性について、日印の企業間の提携、段階別の市場アプローチ、諸外国との協力等について話された。			
研究会「アジアの市場と産業競争力」	○九・一二・一九	社会学部教授　川久保美智子	「経営者の意識―4カ国比較：日本、アメリカ、ドイツ、中国」	一三名
		㈱ニッセイ基礎研究所保険・年金研究部門兼経済調査部門上席主任研究員　平賀富一	「韓国LGグループの戦略展開・組織構造等の特徴と国際競争力」	
	アジアの国々の市場性と産業競争力に焦点を当て、各国の動きを探った。共同研究研究会を兼ねた。			
パネルディスカッション「生産性向上と雇用問題」	一〇・三・一七〈大阪梅田キャンパス〉	産業研究所長　福井幸男	経過報告と主要論点	五一名
		日立造船㈱常務取締役　神谷明文 連合兵庫事務局長　辻　芳治	パネルディスカッション 司会　商学部教授　梶浦昭友	

		経済学部教授　根岸　紳 経済学部准教授　西村　智		
	関西生産性本部からの委託を受けて、産業研究所が取り組んだ、今日における「生産性三原則」の検証報告とともに、広く各界からの意見を聴いた。			

(2) 産研セミナー

統一テーマ	開催日	講師	演題他	参加者
第1回産研セミナー「関西経済と震災復興」	九五・一一・一八～一一・一九〈千刈キャンプ〉	大和銀総合研究所近畿経済部長　秋武孝春 さくら総合研究所主任研究員　横田朝行	プレゼンテーター　産業研究所助教授　小西砂千夫、石原俊彦	二〇数名
	未曾有の阪神・淡路大震災は、関西経済にどのような影響を及ぼしたのか。財政や行政、企業経営の観点から問題提議をうけて、参加者同士でディスカッションした。			
第2回産研セミナー「飛躍する微笑みの国タイと日本企業・開発援助」	九六・一一・二三～一一・二四〈千刈キャンプ〉	タイ王国大阪総領事館副領事　サンティ・リラウォン タイ王国大阪総領事館副領事　スパーラット・シリラタナパン 前バンコク日本人商工会議所専務理事　羽田良樹	コーディネーター・司会　産業研究所助教授　小西砂千夫、石原俊彦	三七名

ＪＩＣＡ（国際協力事業団）総務部長　小川郷太郎
兵庫県立成人病センター外科部長　平井昭博

閉塞状態にある日本を尻目に、タイは大きく発展してきた。日本と密接な関係を保ちながら、ときには微妙な緊張関係をはらみながら、奇跡といわれる近代化を遂げてきた。タイにとっての日本は、戦前から密接な関係を持ち、最大の援助国であり、最大の直接投資の受入先であり、経済発展のモデルであり反面教師である。タイと日本とのあるべき関係は、時代とともに変化してきている。これまでの幸福な関係をタイと日本が今後も結ぶためには、二一世紀への新しい視点が要求されている。そこで本セミナーでは、タイ政府スタッフ、タイに関わる実務家やビジネスマンを講師に迎え、タイをいかに理解すべきかについて学び、受講生とともにゼミナール形式でディスカッションを行った。社会人の方も学生時代に戻って、タイを熱く語っていただいた。

第３回産研セミナー「産業としてのマスコミに未来はあるか」

九七・一一・一五〜一一・一六〈千刈キャンプ〉

毎日放送報道局ニュースセンター　大西　輝
関西女学院短期大学教授・元ＮＨＫアナウンサー　高梨敬一郎
ＮＨＫ神戸放送局チーフ・ディレクター　四方田千尋

第1セッション「取材する側から見たマスコミ」
第2セッション「番組の送り手から見たマスコミ」
第3セッション「番組を制作する側から見たマスコミ」
コーディネーター・司会
産業研究所助教授　小西砂千夫

一七名

マルチメディア時代の到来によって、マスコミ産業は大きな転機を迎えるといわれている。インターネットによる情報交流が進むなかで、二一世紀にもマスコミが花形産業として成り立つかどうかは見きわめが難しい。また、最近はマスコミ報道の倫理をめぐる重大事件も頻発し、マスコミのあり方について厳しい目が注がれている。今回のセミナーでは放送に携わる役割の異なる三人を講師に招き、現場が抱える問題を紹介してもらいながら、マスコミ産業の今後について参加者とともにディスカッションした。

第4回産研セミナー「産業としての福祉―介護保険時代の到来にあたって―」	九八・一一・一四～一一・一五〈千刈キャンプ〉	四国学院大学社会学部社会福祉学科講師　孫　良 社会福祉法人みかり会常務理事　谷村　誠	第1セッション「介護保険制度のあらまし」 第2セッション「介護保険制度の課題」 第3セッション「介護サービスへの民間参入」 コーディネーター　産業研究所教授　小西砂千夫	一二名	高齢社会の到来は、経済・社会に様々なインパクトを与えている。とりわけ介護保険の導入には介護サービスの担い手としての民間への期待がこめられている。本セミナーでは、福祉を産業としてみたときの課題について、様々な話題を提供した。
第5回産研セミナー「産業としてのスポーツ」	九九・一二・四～一二・五〈千刈キャンプ〉	大阪商工会議所大阪オリンピック担当部長　松本道弘 オリックス野球クラブ㈱企画室課長代理　花木　聡 NHK神戸放送局アナウンサー　柴田　徹	第1セッション「スポーツ放送のあり方を中心に」 第2セッション「経営体としてのプロ野球球団のよさと今後考えていくべき点」 第3セッション「近代オリンピック運営をめぐるアマチュアリズムと商業主義のバランスの変化を中心に」 コーディネーター　産業研究所教授　小西砂千夫	八名	スポーツは産業として大きな市場規模と成長の可能性を持っている。今回は、プロ・スポーツ経営の立場、スポーツを核とした地域振興の立場等から、産業としてのスポーツの未来を考えた。

統一テーマ	開催日	講　師	演題他	参加者
第6回産研セミナー「アジアで働くプロフェッショナルになる」	〇〇・一一・一一〜一一・一二〈千刈キャンプ〉	在タイ監査法人ビジネスブレイン代表　刑部直道 元伊藤忠勤務・元関学バンコク支部長　大西定行 大阪商工会議所中小企業相談所経営相談室長・前関学バンコク支部事務局長　羽田良樹	コーディネーター　産業研究所教授　小西砂千夫	一三名
	プロフェッショナルとしての技を磨く、アジア諸国を始めとする海外で活躍する。こんな志を持っている学生は多いだろう。それがいったいどんなことなのか、どうすれば自分もそうできるのか、それを先輩方に問いかけ、自分の大学生活の具体的な方向性を固めようとする目的をもって、このセミナーは開催された。			
第7回産研セミナー「海外でキャリア形成をする」	〇一・一二・一〜一二・二〈千刈セミナーハウス〉	元シンガポール日本商工会議所事務局長・大阪商工会議所地域振興部課長　麻野良二 国際問題研究所ＡＴＷＩ所長・元時事通信社ワシントン支局長・解説委員　小関哲哉	コーディネーター　産業研究所教授　小西砂千夫	八名
	いかにキャリア形成をするかを、真剣に考える学生が増えている。簡単に就職ができなくなったという事情が背景にあるにせよ、自分のキャリア・プランニングの大切さを自覚するのは大切なことだ。本セミナーでは、キャリア・プランニングの達人とともに、自分達の明日を考えた。			
第8回産研セミナー「阪神タイガースをまじめに経済学する」	〇二・一二・一四〈千刈セミナーハウス〉	㈱大和銀総合研究所社長　國定浩一 デイリースポーツ社大阪本社編集局報道部副部長　改発博明	コーディネーター　産業研究所教授　小西砂千夫	一八名

経済学部教授　高林喜久生	読売ジャイアンツがグローバル・スタンダードの象徴だとすると、阪神タイガースはローカルなものへのこだわりの象徴である。関西経済の衰退はすさまじいが、地域経済の活力は、グローバルの帰依からは生まれない。ローカルなものを機軸に、創造していく以外にはない。本セミナーでは、阪神タイガースを切り口に、地域のエネルギーとは何か、独自性とは何かについて考えた。

(3)　地方分権セミナー

統一テーマ	開催日	講師	演題他	参加者
北海道分権セミナー「北海道の自治の課題をともに考える―合併新法下での市町村合併のあり方、行政評価を取り入れた自治体経営システムの構築―」	〇六・二・一〇〈上川支庁（旭川）〉	北海道企画振興部地域振興室市町村課参事　佐藤和哉 産業研究所教授　小西砂千夫	テーマ「合併新法における市町村合併を考える」 講演1「市町村合併推進審議会における論点整理」 講演2「西尾試案・特例町村制度を踏まえた新法下での合併」	約一〇〇名
	〇六・二・一一〈上川支庁（旭川）〉	城陽市市長公室次長　有川利彦 産業研究所教授　小西砂千夫	テーマ「行政評価を踏まえた自治体経営システムの設計と運営」 セッション1「意味ある行政評価システムとは」 セッション2「自治基本条例・行政評価を踏まえた総合計画、予算編成のあり方」	約五〇名

	○六・二・一七〈十勝支庁（帯広）〉	北海道企画振興部地域振興室市町村課参事　佐藤和哉 産業研究所教授　小西砂千夫	○六・二・一〇（旭川）と同じ	六九名
	○六・二・一八〈十勝支庁（帯広）〉	尼崎市監査事務局　増田昭男 産業研究所教授　小西砂千夫	○六・二・一一（旭川）と同じ	四九名
	北海道庁の協力の下、市長村合併を取り巻く状況の変化やその対応のあり方、自治体経営にふさわしい行政評価のあり方についてセミナーを開催。			
北海道分権セミナー「北海道の自治の課題をともに考える―財政危機下での地方財政制度の行方と克服のための予算編成手法―」	○六・八・二五〈北海道後志支庁〉	川西市財政課長　松木茂弘 網走市企画調整課参事　田口　桂 産業研究所教授　小西砂千夫	北海道分権セミナー 講演「川西市における予算編成と政策運営システムの構築過程」 講演「網走市における財政健全化手法と中期財政計画」 講演「竹中大臣の下での地方財政改革の動向」	八〇名
	○六・八・二六〈ニセコ町民センター〉	産業研究所教授　小西砂千夫	ニセコセミナー 講演「破たん法制とバランスシート」 意見交換会（参加者相互のフリートーク）	
	北海道後志支庁のご協力の下、財政危機下での地方財政制度の行方と克服のための予算編成手法についてのセミナーを開催。			
沖縄分権セミナー「沖縄の自治の課題をともに考える―沖縄自治体経営の課題を克服するために―」	○七・三・二四〈宜野湾市中央公民館〉	産業研究所教授　小西砂千夫 沖縄自治体職員ネットワーク 照屋　勉（与那原町） 冨原秀朝（西原町） 比嘉洋人（宜野湾市）	講演「自律する自治体とそれを支える職員像」 分科会 「職員の意識改革と自己研鑽」 「沖縄振興と自治体経営」 「行政改革の手法」	七八名

		内閣府参事官（沖縄政策担当）　満田　譽 宝塚市行政管理課長　清水美明	パネルディスカッション「力強い沖縄の自治へ」		地方財政制度の動向と沖縄自治体経営の課題などを中心テーマに、沖縄自治体職員ネットワーク（いちゃりば）との共催で主として自治体職員の研修として実施。前日三月二三日（金）に沖縄県庁において、同セミナー関連企画として「地方財政セミナー」、「市町村講演会」が開催された。講師は小西砂千夫産業研究所教授他。
北海道分権セミナー「北海道の自治の課題をともに考える―地方分権改革が進むなかでの財政危機の克服―」	○七・八・一〇〜八・一一〈北海道空知支庁〉	ニセコ町企画課長　加藤紀孝 経済学研究科教授　小西砂千夫		一八〇名	北海道空知支庁の協力の下、自治体職員を対象にしたセミナーを実施した。財政健全化法や財政運営のあり方、最近の地方分権改革の動向などをふまえ、北海道における自治の課題を参加者とともに考えるセッションを行った。
北海道分権セミナー「地方財政健全化法への対応」	○八・一一・一六〜一一・一七〈稚内および名寄市立大学〉	経済学研究科教授　小西砂千夫		三〇名	北海道上川支庁のご協力の下、主として自治体職員を対象に地方財政制度に関するセミナーを開催。

(4) EU－J関西セミナー

統一テーマ	開催日	講師	演題他	参加者
Seminar Series 17	○五・一二・二	独・アウグスブルグ大学経済・経営学部経済学教授 ホルスト・オットー・ハヌーシュ	「日本とEUのイノベーション・システム比較」	—
Seminar Series 27	○六・五・三一	伊・ナポリ大学教授 カルロ・パニコ 伊・カッシーノ大学研究員 マリア・オリヴェッラ・リッツァ	「中央銀行の独立性と民主主義—歴史的観点と米国とEUの比較に学ぶ—」	—
Seminar Series 28	○六・六・一三〈神戸三田キャンパス〉	駐日欧州委員会代表部広報部 市川啓子	「EUのWEB情報アクセス講習会」	—
Seminar Series 34	○六・六・一六	仏・リール第一大学教授 アブデール・イッラー アムドゥシュ	「EUのIT戦略：知識インフラとイノベーション・ダイナミクス」	—
科学技術政策ワークショップ	○六・九・九〈大阪梅田キャンパス〉	駐日欧州委員会代表部公使 ミヒャエル・ライテラー 仏・社会保障査察官 ピエール・ナーヴ 首都大学東京都市環境学科材料化学コース教授 春田正毅	総合テーマ「欧州研究開発政策の社会的インパクト」パネルディスカッション	二八名

		㈱三菱化学科学技術センター計算科学研究所長　中村振一郎 早稲田大学国際情報通信センター客員研究員　ナタリー・カヴァザン 総合政策学部教授　中野幸紀		
Seminar Series 42	○六・一〇・一四	神戸大学大学院法学研究科助教授　シルヴュー・ジョラ	「日EU関係―歴史的視点から」	―
Seminar Series 41	○六・一〇・二五	経済学部教授　野村宗訓	「欧州エネルギー分野における自由化政策とインフラ建設」	―
Seminar Series 51	○六・一一・一八	駐日欧州委員会代表部公使　ミヒャエル・ライテラー	「日本・EU関係」	―
EUIJ関西第4回国際シンポジウム	○六・一一・二五〈関西学院会館〉	独・ベルリン技術経済大学教授　ユルゲン・ケスラー 法学部教授　相原　隆 大阪ガス㈱顧問・元副社長　山田廣則 星城大学教授、一橋大学名誉教授　平田光弘 京都大学大学院経済学研究科講師　ディミター・ヤルナゾフ	総合テーマ「EUと日本におけるコーポレート・ガバナンス」 第1セッション「会社法からみたコーポレート・ガバナンス」 特別講演「日本的経営とコーポレート・ガバナンス」 第2セッション「経営学からみたコーポレート・ガバナンス」 司会　商学部教授　海道ノブチカ	八〇名
Seminar Series 53	○七・一・二四	経済学部教授　藤井和夫 商学部教授　深山　明	「EUの東方拡大とポーランド」 「EUにおける企業危機と戦略的危機克服方策」	―

統一テーマ	開催日	講　師	演　題　他	参加者
Seminar Series 56	〇七・四・一六	独・ベルリン技術経済大学教授・副学長　クラウス・ゼムリンガー	「グローバリゼーションとEU拡大にともなう知財管理の必要性—中小企業への新たな挑戦、ドイツの事例より—」	一〇名
ワークショッププログラム	〇七・九・二九〈大阪梅田キャンパス〉	東海学園大学経営学部教授、法政大学名誉教授　下川浩一 産業研究所准教授　ホルガー・ブングシェ ポーランド・ヤギローニアン大学地理的空間管理研究所准教授　クリストフ・グウォッツ 法政大学社会学部教授　公文　溥 独・エアランゲン・ニュルンベルク大学社会学部教授　ゲルト・シュミット 東北学院大学経済学部准教授　折橋伸哉 独・ベルリン社会科学研究所研究員　マーティン・クシュジンスキー 明治大学商学部教授　風間信隆 EUインスティテュート関西代表、神戸大学大学院経済学研究科教授　久保広正	テーマ 「ヨーロッパ自動車産業の新発展」 基調講演 「世界自動車産業のグローバル化と中東欧の自動車産業の発展」 第1セッション 「欧州自動車産業の新たな指針：政策決定と構造変化」 第2セッション 「ヨーロッパにおける新たな競争の展望」 第3セッション 「欧州自動車産業における新たな労働分配」	五〇名

Seminar Series 68	○七・一○・五	独・エアランゲン・ニュルンベルク大学社会学部教授　ゲルト・シュミット	「試練にさらされている欧州の新ビジョン」	—
Seminar Series 72	○七・一二・三	ポーランド・ワルシャワ大学歴史学部教授　ヴォジミエシュ・ボロジェイ	「EU諸国における歴史教科書の改訂―ドイツ・ポーランドの事例―一九七二年から２００７年におけるドイツ・ポーランド教科書委員会」	四○名
Seminar Series 85	○八・四・三○	独・エアランゲン・ニュルンベルク大学社会学部教授　ゲルト・シュミット	「グローバル化―ヨーロッパへの挑戦」	—
日・EUフレンドシップウィーク講演会	○八・六・五	産業研究所准教授　ホルガー・ブングシェ	「フランスとドイツの協力によるヨーロッパの統合」	一八名
	六・一二	産業研究所准教授　ホルガー・ブングシェ	「EUの環境政策：ドイツは先頭に立っているか」	一八名
EUIJ関西研究会	○八・六・一三	伊・ナポリ・フェデリコ二世大学教授　カルロ・アマツッチ	「イタリア企業におけるコーポレート・ガバナンス改革の現状―EU諸国の影響を受けて―」	—
EUIJ関西講演会	○八・六・一六	伊・ナポリ・フェデリコ二世大学教授　カルロ・アマツッチ	「EUとイタリアにおけるコーポレート・ガバナンス規制の展開」	—
EUIJ関西講演会	○八・六・二○	英・スターリング大学専任講師　ジョヴォ・アテルジェヴィック	「Education in Europe」総合コース４８４「ヨーロッパの現在（いま）、EUが示す、新たな世界の構図」授業（田村和彦経済学部教授）のゲストスピーカーを兼ねる	三○○名

統一テーマ	開催日	講師	演題他	参加者
ＥＵＩＪ関西研究会	〇八・六・二三	英・スターリング大学専任講師 ジョヴォ・アテルジェヴィック	「社会起業家精神の東ヨーロッパでの実践―ＥＵの拡大とＮＧＯの役割―」	―
ＥＵＩＪ関西第６回国際シンポジウム	〇八・七・四〈大阪梅田キャンパス〉	独・フランホッファー研究所コンピタンスセンター所長、ベルリン工科大学教授　クヌト・ブリント 英国規格協会渉外部長 ダニエル・マンスフィールド 東京大学知的資産経営総括寄付講座特任教授　小川紘一 経済産業省産業技術環境局認証課長　江藤　学 松下電器産業㈱スタンダードコラボレーションセンター所長　三村義祐	テーマ 「ＥＵにおける標準化と知的財産―経営戦略と公共政策―」 基調講演 「ＥＵ標準化における企業戦略と公共政策」 「欧州の標準政策―ＥＵとＵＫ―」 パネルディスカッション 司会 経済学部教授　土井教之	八〇名
ＥＵＩＪ関西研究会「企業のＲ＆Ｄ戦略と技術政策」	〇八・七・七	独・フランホッファー研究所コンピタンスセンター所長、ベルリン工科大学教授　クヌト・ブリント 英国規格協会渉外部長 ダニエル・マンスフィールド	「ＥＵにおける標準化の経済分析調査」 「ＥＵとイギリスにおける標準化と競争政策」	―
ＥＵＩＪ関西研究会	〇八・七・一四	仏・リール第一大学准教授 エティエンヌ・ファルバック	「欧州通貨統合入門：欧州中央銀行（ＥＣＢ）と欧州中央銀行制度（ＥＳＣＢ）」	―

Seminar Series 97	○九・四・二四	独・ベルリン技術経済大学教授　ユルゲン・ケスラー	「EUにおけるコーポレート・ガバナンス」	二五名
		独・ベルリン技術経済大学教授　エッケハルト・ザクセ	「EUにおける労使関係」	
日・EUフレンドシップウィーク講演会	○九・六・二	法学部客員教授、デンマーク産業連合上席参事　J・ノア・フクダ	「高齢化社会にいかに取り組むべきか、その技術と政策―日本とEUが挑む闘い―」	五七名
	○九・六・九	商学部准教授　ホルガー・ブングシェ	「働く人たちの事情―デンマーク、オランダ、ドイツに見るEUの労働市場改革」	三八名
Seminar Series 101	○九・七・九	仏・モンペリエ第三大学准教授　オリビエ・トレス	「EU経済におけるグローバル化と属地主義」	二二名
		商学部教授　山口隆之	「EU成長戦略とフランス産業クラスター政策」	
Seminar Series 108	○九・一一・六	独・ブレーメン経済工科大学教授　ティム・ゴイトケ	EUと日本のコーポレート・ガバナンス「企業統治と中堅企業―日独比較―」	一六名
		商学部教授　海道ノブチカ	「EUと日本のコーポレート・ガバナンス」	
Seminar Series 103	○九・一一・二五	仏・パリ国立高等鉱業学校、米・カリフォルニア大学バークレー校教授　フランソワ・レヴェック	EUにおける知的財産権と競争政策「ライセンス条件の分析―欧米からの含意」	一八名
		伊・ミラノ・ビコッカ大学准教授　フェデリコ・エトロ	「内生的市場構造と欧州における新技術の影響による景気循環」	

統一テーマ	開催日	講師	演題他	参加者
ＥＵＩＪ関西 第９回国際シンポジウム・経営学研究グループ研究会	〇九・一一・二七 〈関西学院会館〉	㈱大和総合研究所経営戦略研究部長　河口真理子 欧州経済社会評議会（ＥＥＳＣ）雇用者グループ　イヴ・パーレンドソン 丸紅㈱広報部ＣＳＲ・地域環境室長　田中郁也 欧州経済社会評議会（ＥＥＳＣ）従業員グループ　エリカ・コラー 連合総研主幹研究員　龍井葉二 欧州経済社会評議会（ＥＥＳＣ）多様な事業体グループ　クリヅィットフ・ペーター 独・ベルリン経済大学教授　ジルケ・ブスタマンテ 大阪商業大学特任教授　島田　恒	テーマ「ＥＵと日本における企業の社会的責任（ＣＳＲ）」 講演「日本におけるＣＳＲの発展」 セッション１「雇用者の視点から」 セッション２「労働組合の視点から」 セッション３「研究者・ＮＰＯの視点から」 パネルディスカッション 司会 神戸大学教授、ＥＵインスティテュート関西代表、ジャン・モネ・チェア　久保広正 総合司会 商学部教授、ＥＵインスティテュート関西副代表　海道ノブチカ	二九名
ＥＵＩＪ関西 招聘者セミナー	一〇・一・七	伊・ナポリ・フェデリコ二世大学政治学部准教授　クリスティナ・ペナロラ	「政策、立法、市民の質疑に関するＥＵ国家同士のインターネット上のコミュニケーションについて」	一三名
ＥＵＩＪ関西 招聘者講演	一〇・一・八	伊・ナポリ・フェデリコ二世大学政治学部准教授　クリスティナ・ペナロラ	「ＥＵの社会、文化事情」 社会学部授業（厳廷美准教授）を兼ねる	二一名

㈲開催場所表示のないものは西宮上ケ原キャンパスで実施、参加者欄の—表示は記録なし

4 受託研究・受託研究員

(1) 受託研究の実績

年度	研究期間	研究課題	委託者	受託者
二〇〇〇年度	八月 一日～一月三一日	尼崎市の貸借対照表の研究	尼崎市	石原俊彦
	一〇月一〇日～三月三一日	発生主義における財政指標の開発及び分析と財政運営の将来のフレームワークの分析法の検討	三重県	小西砂千夫
	一〇月一九日～三月三一日	発生主義における財政指標の開発及び分析と財政運営の将来のフレームワークの分析方法の検討	徳島県鴨島町	小西砂千夫
二〇〇二年度	四月 一日～三月三一日	行政コスト計算が大飯町の行財政改革に及ぼす効果について	福井県大飯町	石原俊彦
	一二月一九日～三月三一日	阿児町の財政分析と財政運営の指標作りに関する研究	三重県阿児町	小西砂千夫
二〇〇九年度～二〇一〇年度	二〇〇九年七月一日～二〇一〇年一二月三一日	生産性向上と雇用問題に関する提言	関西生産性本部	福井幸男 梶浦昭友 根岸 紳 西村 智

(2) 受託研究員の受け入れ実績

年度	期間	研究内容	所属機関	研究員氏名	研究指導者
二〇〇一年度	六月一日～九月三〇日	地方自治体における財務分析手法の研究	川西市役所企画財政部財政課	松木茂弘	小西砂千夫
	一一月一日～三月三一日	地方財政と地方交付税制度について	宝塚市役所企画財務部財政課	浅井伸治	小西砂千夫
	一一月一日～三月三一日	都市型行財政システムの研究	宝塚市役所健康福祉部介護保険課	綛谷圭史	小西砂千夫
二〇〇二年度	四月一日～一〇月三一日	地方財政と地方交付税制度について	宝塚市役所企画財務部財政課	浅井伸治	小西砂千夫
	四月一日～一〇月三一日	都市型行財政システムの研究	宝塚市役所健康福祉部介護保険課	綛谷圭史	小西砂千夫
	四月一日～三月三一日	地方自治体における行政経営とコスト計算の課題	新日本監査法人公会計部	坂井俊介	石原俊彦
	四月一日～三月三一日	地方自治体における行政経営とコスト計算の課題	新日本監査法人公会計部	遠藤尚秀	石原俊彦
	四月一日～三月三一日	ＰＦＩにおけるＶＦＭ評価の研究	福知山市議会	野田勝康	石原俊彦

	一〇月一日～三月三一日	地方財政について	宝塚市役所企画財務部財政課	西尾晃一	小西砂千夫
	一〇月一日～三月三一日	地方財政について	宝塚市立病院事務局総務課	公手　勤	小西砂千夫
二〇〇三年度	四月一日～九月三〇日	地方財政について	宝塚市役所企画財務部財政課	西尾晃一	小西砂千夫
	四月一日～九月三〇日	地方財政について	宝塚市立病院事務局総務課	公手　勤	小西砂千夫
二〇〇四年度	四月一日～九月三〇日	決算数値から見た事務事業における財務分析の考察	東松山市総務部財政契約課	岡部広幸	小西砂千夫
	一〇月一日～三月三一日	地方財政について	宝塚市役所企画財務部行財政改革室	清水美明	小西砂千夫
	一〇月一日～三月三一日	地方財政について	宝塚市役所企画財務部財政課	柳田直記	小西砂千夫
	一〇月一日～三月三一日	地方財政について	宝塚市役所企画財務部資産税課	飯田　博	小西砂千夫
二〇〇五年度	四月一日～九月三〇日	地方財政について	宝塚市役所企画財務部行財政改革室	清水美明	小西砂千夫
	四月一日～九月三〇日	地方財政について	宝塚市役所企画財務部財政課	柳田直記	小西砂千夫
	四月一日～九月三〇日	地方財政について	宝塚市役所企画財務部資産税課	飯田　博	小西砂千夫

5 産業研究所規程・主要な内規

産業研究所規程

昭和三八年一一月二二日
大学評議会改正

第一条　本所は関西学院大学産業研究所と称する。
第二条　本所は産業に関する調査研究を行うことを目的とする。
第三条　本所は前条の目的を達するため、次の事業を行う。
1　産業に関する調査研究
2　調査研究情報の提供
3　調査研究及びその成果発表
4　研究会、講演会等の開催
5　外部の委嘱による産業の調査及び質疑応答

第四条　本所に次の教職員を置く。
1　所長　一名
2　運営委員　若干名
3　研究員　若干名
4　客員研究員　若干名
5　事務職員　若干名
第五条　本所に運営委員会を置き、運営委員をもって構成する。
2　運営委員会は、本所の事業に関する基本方針及び企画、その他重要な事項を審議する。
3　本所に研究プロジェクトを置き、研究員、客員研究員をもって構成する。
第六条　運営委員は、本学の教授、准教授、助教、専任講師の中から選び、学長がこれを任命する。
2　所長は、運営委員会において運営委員の中から選び、学長に推薦し、理事会がこれを任命する。

3　研究員は、運営委員会において本学の教授、准教授、助教、専任講師の中から選び、所長がこれを任命する。

4　客員研究員は、運営委員会の推薦する学外者の中から、所長がこれを委嘱する。

第七条　所長及び運営委員の任期は二カ年とする。ただし、再任を妨げない。

2　研究員及び客員研究員の任期は研究プロジェクトの期間と同一とする。

第八条　所長は本所を代表し、その事業を統括する。

2　運営委員は運営委員会に属し、その会の業務に従事するとともに、研究員を兼ねることができる。

3　研究員は本所の調査研究の事業に従事する。

4　客員研究員は研究員とともに本所の調査研究の事業に従事する。

第九条　事務職員は所長の命を受け本所の事務を処理する。

第一〇条　所長は学長に毎年事業報告を行う。

2　学長は五年ごとに本所事業の評価を行う。

3　学長は事業評価を研究推進社会連携機構の評議員会に委嘱する。

4　研究推進社会連携機構の評議員会は、本所についての事業評価結果にもとづき、学長に本所に対する助言、勧告、改編、廃止を提言することができる。

第一一条　本所の改編・廃止について、学長は大学評議会の議を経て決定する。

第一二条　この規程の改廃は、運営委員会の議を経て、大学評議会で決定する。

附　則

1　この規程は、昭和五一年一月九日から改正施行する。

2　この規程は、二〇〇七年（平成一九年）四月一日から改正施行する。

3　この規程は、二〇〇八年（平成二〇年）四月一日から改正施行する。

注　第五条第2項「その他重要な事項」について

二〇〇七年二月九日大学評議会記録より抜粋

［産業研究所の］予算・決算の審議については、規程改正案第《ママ》五条第2項の「その他重要な事項」に含まれ、また産業研究所の位置づけは、研究推進機構の下でなく、学長の下に置くものである。

●産業研究所規程に関する申し合わせ事項

二〇〇七年二月九日　大学評議会承認

一、産業研究所規程第四条第二項に定める運営委員は、当分の間、次のとおり選出する。
1　経済学部　二名
2　商学部　二名
3　社会科学系学部・研究科、専門職大学院から学長が推薦する者　四名

二、研究員として任期制教員を任用する場合は、次のとおりとする。
1　研究員の人件費が外部資金によって担保される場合。
2　研究員の人件費が外部資金によって担保されない場合でも、学長が大学の重要施策の一環として認め、大学諸施策推進費から支出が担保される場合には、その限りではない。
3　任期制教員の任用に関しては、「教授・准教授・助教及び専任講師の任用に関する規程」及び「教員選考基準」を適用し、運営委員会の議を経て所長は学長に推薦し、大学評議会において審査決定するものとする。

施行日付：二〇〇八年四月一日

●産業研究所長選挙内規

二〇〇七年一二月二〇日
産業研究所会議決定

第一条　産業研究所長は、運営委員会において運営委員の中から選び、学長に推薦し、理事会がこれを任命する。
2　選挙は運営委員の互選による。

第二条　選挙は運営委員の五分の四以上の投票があることを要する。
2　不在投票はこれを認めない。

第三条　当否は投票の過半数をもってこれを決する。ただし過半数に達しないときは最高得点者二名について再投票を行う。

第四条　現任産業研究所長は、当選者を学長に推薦する。

第五条　産業研究所長の任期は二ヵ年とし、四月一日に始

まり、第二年度の三月三一日をもって満了するものとする。

第六条　産業研究所長の任期満了以前退任による次期所長の任期は、就任の時期にかかわらずその就任後の第二年度の三月三一日をもって満了するものとする。

第七条　この内規の改廃は、産業研究所運営委員会で決定する。

●産業研究所運営委員会内規

二〇〇八年五月二七日
産業研究所運営委員会決定

（運営委員会）
第一条　本産業研究所に運営委員会を置く。

（構成）
第二条　運営委員会は、各学部、各専門職大学院研究科で選出された運営委員をもってこれを構成する。

（開催）
第三条　運営委員会は、所長又は五分の一以上の運営委員の要求があったとき開催する。

（運営委員会の審議事項）
第四条　運営委員会は、産業研究所に関する基本方針および企画、その他重要な事項を審議する。

（議決の方法）
第五条　運営委員会は、全員の三分の二以上の出席をもって成立し、議事はその出席者の過半数をもって決する。

附　則

この内規は、二〇〇八年五月二七日から施行する。

以　上

6

産業研究所図面

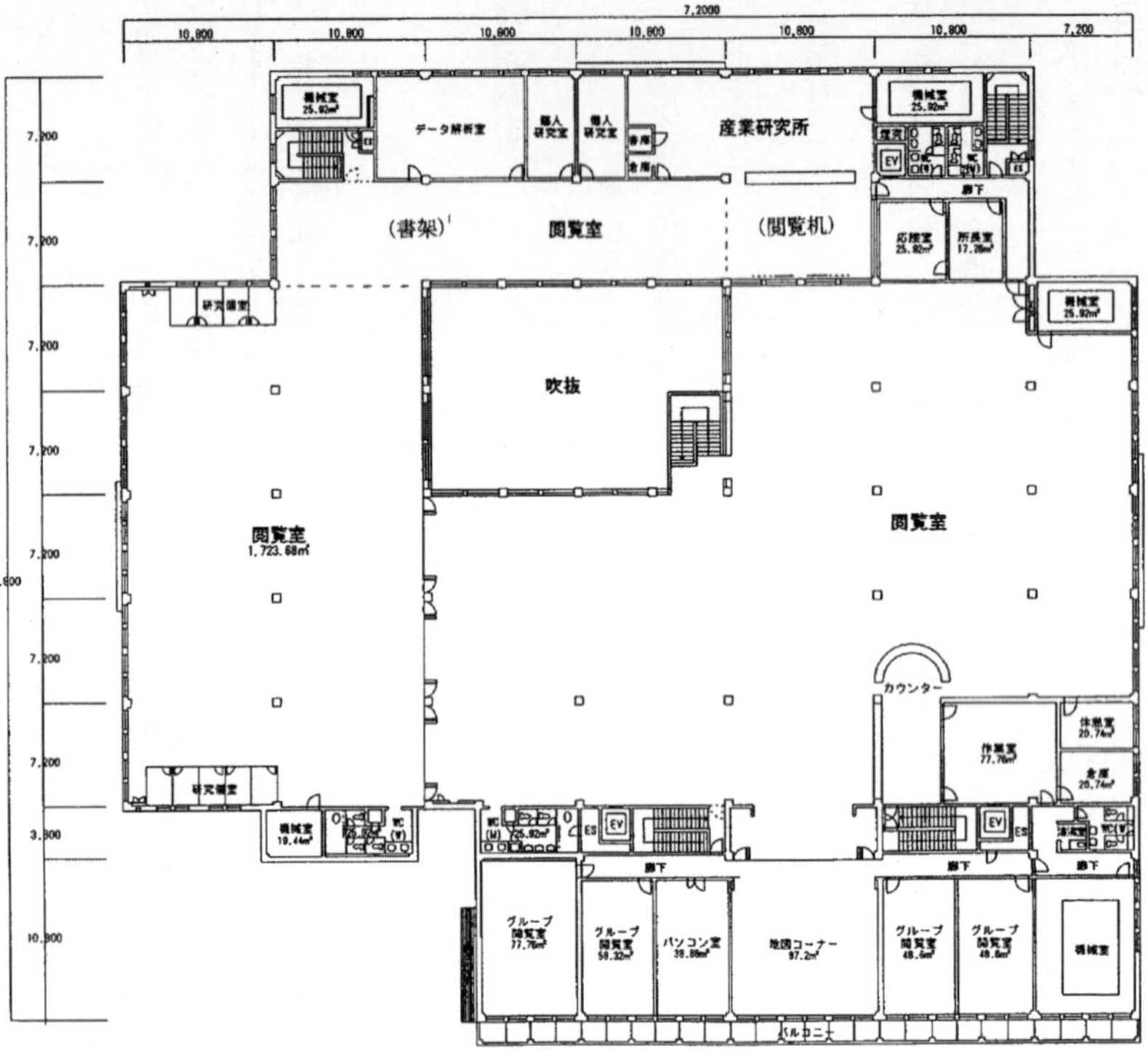

大学図書館三階

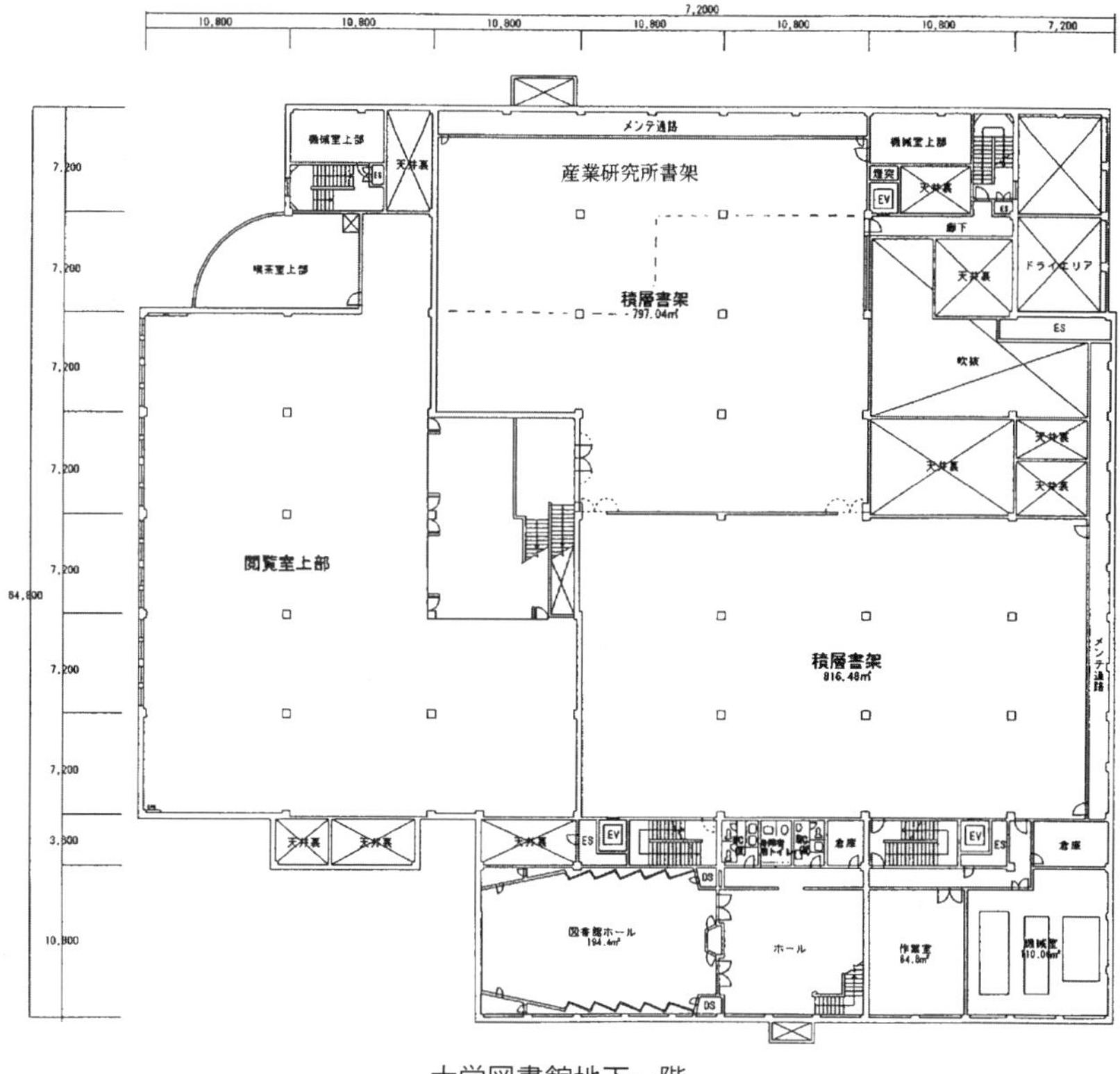
産業研究所書架
積層書架
797.04㎡
閲覧室上部
積層書架
816.48㎡
メンテ通路
天井裏
ドライエリア
吹抜
図書館ホール
194.4㎡
ホール
作業室
64.8㎡
倉庫
EV
ES
DS

大学図書館地下一階

おわりに――研究所としてのアイデンティティ・クライシスのなかで

産業研究所は劇的に変わった。産学連携がマイナスイメージを持って捉えられていた時代ははるか昔となった。研究所として研究成果を持って、対外的な情報発信に努めることは、私が助手に採用してもらった一九八八年の当時、理念としてはあってもとても現実のこととは思えなかった。先輩の南先生と研究室を並べて、教員となったが、部屋の上には以前の呼び方である「研究員室」というパネルがあった。「個人研究室」ではなかった。産研教員の先輩たちは、教員としての地位確保ということに言うに言えない思いを持っていた。教員としてのアイデンティティ・クライシスである。学部にしか在籍していない教員にはおそらくわからない思いであろう。学生がいる限り、アイデンティティは揺るがないものであるからだ。幸いにして、私が任用された当時は、相当程度いろいろなものが解決されていたが、なおなにがしかのものがあった。また、就任当時の研究所は問題山積で、その対応をどうするかに頭を悩まされることが多かった。誰も相談相手はいないなかで、ひとつひとつ手探りで問題の解決を図ったことが、いまとなっては懐かしい思い出である。

本書が扱っているのは、主に六十年史出版後の新築の大学図書館の三階に産業研究所が設けられてからの時期である。その頃から、研究所の活動は年を追うごとに、飛躍的に拡大するようになる。当事者であった私にはその自覚はそれほどなかったが、本書で思い返せばまさにその通りである。研究所教員は、共同研究のフォローといくつかのルーティンワーク、そして細々と個人研究をしておればよいという程度では、とてもアイデンティティが確保できなくなった。私自身も対外的な仕事が徐々に増えてきた。そうした時期に、学長補佐に任用され、さらに経済学研究科にも任用された。その結果、次第に、研究所教員としての仕事と大学での仕事・学外での仕事のバランスに悩むようになった。違った意味で、研究所教員としてのアイデンティティ・クライシスを感じるようになった。それは研究者としての活動が充実し、教員として活動の場が与えられたゆえに感じるものである。

そうした日々は、新設学部の人間福祉学部に移籍することによって、私自身の問題としては終わりを告げた。産業研究所に在籍していた二十年間、研究資料に囲まれ、温室のような環境で研究期間をもらったことは本当にありがたかった。いま、その感謝の思いを持って、本書を編集している。

ＥＵＩＪ関西によって、研究所はこれまでになかった新しい展開をしている。もはや図書資料を管理し、リファレンスツールを編集する機能は、研究所の主要な機能ではなくなりつつある。専任教員が不在となり、新しい形態での図書資料の管理と研究所の運営体制がそれにオーバーラップしている。そして、研究所は新たなアイデンティティ・クライシスに直面するのではないかと思われる。テイクオフした研究所の先に何があるかはまだ見えない。私自身はもはやそれに関わることはなく、産研に恩を受けた者として、本書をまとめることで感謝の気持ちを表したい。

私立大学における社会科学系の研究所は、スポットの研究費をもとに展開されるプロジェクト系の形態ではなく、パーマネントとの組織としては、全国的にもレアな存在である。その産研にとって、アイデンティティ・クライシスは宿命というべきものである。それと向き合っている状況がまさに正常というべきであろう。問われるべきは、アイデンティティ・クライシスがあることではなく、どのような内容のクライシスであるかである。本書で表してきたように、産業研究所はいま現代において果たすべき役割を追い求めている。クライシスはそこに起因する。それゆえ、産業研究所の七十五年は、誇るべき歩みであったといえる。研究所を支えてきた教員、職員、学生のみなさん、現役の方も故人となった方とも、ともにその意義を再確認したいと思う次第である。

二〇一一年三月

小西砂千夫
（人間福祉学部教授、一九八八〜二〇〇八年度まで産業研究所教員）

編集後記

産研七五年史の最後の一〇年間を現場で体験した。諸先生方の研究活動に触れることができ、その成果を門前の小僧として学ばせていただく至福にあずかり、感謝している。

学術情報発信の一環として、いろんなことをアグレッシーブに「起業」した。初めての苦労もさることながら、その後も事業を継続させていることで、学外団体から信頼を得ている。諸先生方にお世話になり、思う存分働かせていただいた産業研究所を私は誇りに思っている。

この編集作業に関わったのは事務室全員であり、私と石田以外に、木下裕加子（二〇一〇年三月退職）、増田美麗、名川恭子、頴川昌子、河野恵美子、そして倉光可奈子（二〇一〇年四月より勤務）の名前を記しておく。

（渋谷武弘）

大学職員としていくつかの部署でお仕事させていただきましたが、産業研究所で過ごした五年を振り返ると、先生方の研究に極めて近い所にいることを実感しています。

私が異動した二〇〇五年からＥＵＩＪ関西が発足、それまで研究支援業務と専門図書館業務が中心であった当研究所は、研究活動の幅が一気に拡大。従来の業務に加えて、国内外の研究者の方々との交流、学外での研究成果発表も一層活発になりました。

少人数ながら機動力のある研究所のパワーは、七五年という歴史の厚みから湧き出るもののようにも思えます。色々な変化に対応できる、古くて新しい産業研究所で先生方と共に働けることに感謝する日々です。

（石田文子）

関西学院大学
産業研究所 75 年の歩み

2011 年 3 月 31 日初版第一刷発行

編著者　関西学院大学産業研究所
75 年史編集委員会

発行者　宮原浩二郎
発行所　関西学院大学出版会
所在地　〒662-0891
兵庫県西宮市上ケ原一番町 1-155
電　話　0798-53-7002
印　刷　協和印刷株式会社

Printed in Japan by Kwansei Gakuin University Press
ISBN : 978-4-86283-083-8

http : //www.kwansei.ac.jp/press